上海市工程建设规范

地下工程预制装配技术标准
（轨道交通工程）

Technical standard for prefabricated assembly of underground engineering
(Rail transit engineering)

DG/TJ 08—2454—2024
J 17840—2024

主编单位：上海市城市建设设计研究总院（集团）有限公司
　　　　　上海市基础工程集团有限公司
批准部门：上海市住房和城乡建设管理委员会
施行日期：2025 年 1 月 1 日

同济大学出版社

2025　上海

图书在版编目(CIP)数据

地下工程预制装配技术标准：轨道交通工程 / 上海市城市建设设计研究总院(集团)有限公司，上海市基础工程集团有限公司主编. --上海：同济大学出版社，2025.1. -- ISBN 978-7-5765-1499-5

Ⅰ. U239.5-65

中国国家版本馆 CIP 数据核字第 2025J95B97 号

地下工程预制装配技术标准(轨道交通工程)

上海市城市建设设计研究总院(集团)有限公司　主编
上海市基础工程集团有限公司

责任编辑　朱　勇
责任校对　徐逢乔
封面设计　陈益平

出版发行　同济大学出版社　www.tongjipress.com.cn
　　　　　(地址：上海市四平路 1239 号　邮编：200092　电话：021-65985622)

经　　销　全国各地新华书店
印　　刷　常熟市华顺印刷有限公司
开　　本　889mm×1194mm　1/32
印　　张　5.375
字　　数　135 000
版　　次　2025 年 1 月第 1 版
印　　次　2025 年 1 月第 1 次印刷
书　　号　ISBN 978-7-5765-1499-5
定　　价　50.00 元

本书若有印装质量问题，请向本社发行部调换　　版权所有　侵权必究

上海市住房和城乡建设管理委员会文件

沪建标定〔2024〕365号

上海市住房和城乡建设管理委员会关于批准《地下工程预制装配技术标准(轨道交通工程)》为上海市工程建设规范的通知

各有关单位：

由上海市城市建设设计研究总院(集团)有限公司、上海市基础工程集团有限公司主编的《地下工程预制装配技术标准(轨道交通工程)》，经我委审核，现批准为上海市工程建设规范，统一编号为DG/TJ 08—2454—2024，自2025年1月1日起实施。

本标准由上海市住房和城乡建设管理委员会负责管理，上海市城市建设设计研究总院(集团)有限公司负责解释。

特此通知。

上海市住房和城乡建设管理委员会
2024年7月16日

前 言

根据上海市住房和城乡建设管理委员会《关于印发〈2023年上海市工程建设规范编制计划〉的通知》（沪建标定〔2023〕6号）的要求，由上海市城市建设设计研究总院（集团）有限公司和上海市基础工程集团有限公司会同各参编单位，广泛调查和分析总结了近年来上海市轨道交通地下工程预制装配技术积累的实践经验和先进技术，参考国家及上海市相关标准，并在广泛征求意见的基础上，经过多次论证研究，制定本标准。

本标准的主要内容有：总则；术语、符号；基本规定；材料；基坑工程；地下车站结构；盾构法区间内部结构；连续沉井法；矩形顶管法；束合式结构；信息化。

各单位及相关人员在执行本标准过程中，如有意见或建议，请反馈至上海市交通委员会（地址：上海市世博村路300号1号楼；邮编：200125；Email：shjtbiaozhun@126.com），上海市城市建设设计研究总院（集团）有限公司（地址：上海市东方路3447号；邮编：200125；Email：public@sucdri.com），上海市建筑建材业市场管理总站（地址：上海市小木桥路683号；邮编：200032；Email：shgcbz@163.com），以供今后修订时参考。

主 编 单 位：上海市城市建设设计研究总院(集团)有限公司
上海市基础工程集团有限公司
参 编 单 位：上海申通地铁集团有限公司
上海申铁投资有限公司
上海市隧道工程轨道交通设计研究院
华东建筑设计研究院有限公司
同济大学

中国铁路设计集团有限公司
上海隧道工程有限公司
上海市机械施工集团有限公司
上海建科工程咨询有限公司
上海同济检测技术有限公司
城地建设集团有限公司
上海中淳高科桩业有限公司

主要起草人：张中杰　李耀良　黄茂松　凌　辉　徐中华
　　　　　　曹伟飚　王理想　吕培林　陈加核　蔡来炳
　　　　　　王　涛　王浩然　潘伟强　徐薇娜　郑雅莉
　　　　　　李　飞　宗露丹　梁　正　俞　剑　时振昊
　　　　　　冯　云　杜　峰　刘洪波　陈克伟　张晓宾
　　　　　　孙双篪　卞国强　何亚飞　沈张勇　于顺利
　　　　　　魏　征　张小琼　邵雪莹　刘　书　吴　航
主要审查人：王秀志　叶国强　张　铭　汪思满　陈锦剑
　　　　　　宋　杰　崔晓强

上海市建筑建材业市场管理总站

目　次

1 总　则 …………………………………………………… 1
2 术语、符号 ……………………………………………… 2
　2.1 术　语 ……………………………………………… 2
　2.2 符　号 ……………………………………………… 4
3 基本规定 ………………………………………………… 8
4 材　料 …………………………………………………… 10
5 基坑工程 ………………………………………………… 13
　5.1 一般规定 …………………………………………… 13
　5.2 设　计 ……………………………………………… 14
　5.3 施工与检测 ………………………………………… 18
6 地下车站结构 …………………………………………… 27
　6.1 一般规定 …………………………………………… 27
　6.2 设　计 ……………………………………………… 27
　6.3 施工与检测 ………………………………………… 31
7 盾构法区间内部结构 …………………………………… 36
　7.1 一般规定 …………………………………………… 36
　7.2 设　计 ……………………………………………… 36
　7.3 施工与检测 ………………………………………… 38
8 连续沉井法 ……………………………………………… 42
　8.1 一般规定 …………………………………………… 42
　8.2 设　计 ……………………………………………… 43
　8.3 施工与检测 ………………………………………… 50
9 矩形顶管法 ……………………………………………… 55
　9.1 一般规定 …………………………………………… 55

9.2	设 计	55
9.3	施工与检测	60
10	束合式结构	66
10.1	一般规定	66
10.2	设 计	66
10.3	施工与检测	69
11	信息化	73

附录 A 预制斜向支撑桩基坑支护设计 ………… 75
附录 B 单体沉井下沉引起的地表沉降估算 ………… 78
附录 C 单一矩形顶管顶进引起的地表沉降估算 ………… 79
本标准用词说明 ………… 81
引用标准目录 ………… 82
条文说明 ………… 83

Contents

1 General provisions ··· 1
2 Terms and symbols ··· 2
   2.1 Terms ··· 2
   2.2 Symbols ··· 4
3 Basic requirements ·· 8
4 Materials ·· 10
5 Excavation engineering ·· 13
   5.1 General requirements ································· 13
   5.2 Design ·· 14
   5.3 Construction and inspection ······················ 18
6 Underground station structure ····························· 27
   6.1 General requirements ································· 27
   6.2 Design ·· 27
   6.3 Construction and inspection ······················ 31
7 Shield tunnel section internal structure ················ 36
   7.1 General requirements ································· 36
   7.2 Design ·· 36
   7.3 Construction and inspection ······················ 38
8 Continuous open caisson method ························· 42
   8.1 General requirements ································· 42
   8.2 Design ·· 43
   8.3 Construction and inspection ······················ 50
9 Rectangular pipe jacking method ························· 55
   9.1 General requirements ································· 55

  9.2 Design ·· 55
  9.3 Construction and inspection ···························· 60
10 Underground bundle composite pipe structure integrated
  by transverse prestressing ···································· 66
  10.1 General requirements ································ 66
  10.2 Design ·· 66
  10.3 Construction and inspection ························ 69
11 Informatization ·· 73
Appendix A Design of precast inclined supported pile for
       excavation engineering ···························· 75
Appendix B Estimation of surface settlement caused by
       single open caisson sinking ······················ 78
Appendix C Estimation of surface settlement caused by
       single rectangular pipe jacking ·················· 79
Explanation of wording in this standard ························ 81
List of quoted standards ·· 82
Explanation of provisions ·· 83

1 总　则

1.0.1 为规范上海地区轨道交通地下工程预制装配技术的应用，保证工程质量，使地下工程预制装配式结构做到安全可靠、功能合理、技术先进、经济适用、节能环保，制定本标准。

1.0.2 本标准适用于上海地区轨道交通地下工程预制装配式结构的设计、生产、施工和验收。

1.0.3 轨道交通地下工程预制装配式结构的建设、设计、生产制作、施工安装等各方应相互协调，满足轨道交通地下工程全寿命期的要求。

1.0.4 轨道交通地下工程预制装配式结构除应符合本标准外，尚应符合国家和上海市现行有关标准的规定。

2 术语、符号

2.1 术　语

2.1.1 预制装配式结构　prefabricated assembly structure

将预制构件通过可靠的连接方式装配形成整体,以承受或传递荷载作用的结构。

2.1.2 干式连接　dry connection

在施工现场无需浇筑混凝土,预制构件通过螺栓、机械连接、焊接等方式实现结构的整体连接。

2.1.3 湿式连接　wet connection

预制构件受力钢筋通过机械连接、套筒灌浆、浆锚搭接、焊接、绑扎搭接等方式连接,并在连接部位浇筑混凝土实现结构的整体连接。

2.1.4 混凝土叠合板　concrete composite slab

预制混凝土板现场安装就位后,在上层配置受力钢筋和构造钢筋,然后浇筑混凝土,以两阶段成型的整体受力结构。

2.1.5 预制地下连续墙　precast diaphragm wall

在泥浆护壁的条件下,由专用机械成槽后放入预制钢筋混凝土墙,形成连续的具有防渗和挡土功能的地下墙体。

2.1.6 劲芯水泥土墙　strength soil-cement retaining wall

在水泥土搅拌桩或等厚度水泥土搅拌墙内插入预制钢构件或混凝土构件,形成复合挡土隔水结构。

2.1.7 型钢组合支撑体系　assembled steel struts system

由型钢支撑梁、组合围檩、立柱、连接件等构件装配而成的支撑系统。

2.1.8 预制斜向支撑桩体系 precast inclined supported pile system

由专用压桩机施工,将预制支撑桩斜向压入基坑围护墙内侧土体,预制支撑桩顶部与顶圈梁锚固连接形成内撑式支护系统。

2.1.9 地下车站主体结构 underground station main structure

地下车站保障结构体系稳定和列车安全运营的主要受力结构,如顶板、中板、底板、纵梁、框架柱、侧墙等。

2.1.10 地下车站内部结构 underground station internal structure

地下车站内部与主体结构连接并承受内部荷载作用的结构,如楼梯、站台板、轨顶风道等。

2.1.11 静钻根植桩 pre-bored precast pile

由专用单轴钻机施工,按照设定的深度进行钻孔、扩底,在桩端和桩周分区注入固化浆液并搅拌,依靠自重将预制桩植入预钻孔内形成的非挤土桩。

2.1.12 连续沉井法 continuous open caisson method

按一定的施工顺序分段预制多个沉井结构,通过压沉系统和井内不排水挖土等方式使其下沉到地下预定深度后,拆除相邻沉井间的临时井壁,并串联贯通形成整体地下结构的施工技术。

2.1.13 沉井贯入墙 open caisson penetration wall

在沉井刃脚高度范围内,沉井结构内部与底板框架梁结合设置的纵、横向隔墙。

2.1.14 矩形顶管法 rectangular pipe jacking method

采用矩形或类矩形截面顶管机进行土体切削,并借助顶推装置将矩形或类矩形管节在地下逐节顶进的非开挖施工技术。

2.1.15 束合式结构 underground bundle composite pipe structure integrated by transverse prestressing

结合预应力技术和顶管技术,通过管内及管间浇筑混凝土并张拉预应力钢束,使预先纵向顶进的小型矩形钢管束合成为整体受力结构。

2.2 符 号

2.2.1 土的物理力学指标

K_a——主动土压力系数;

γ——土的天然重度;

γ'——土的有效重度;

γ_w——地下水的重度;

φ——土的内摩擦角。

2.2.2 作用、作用效应和承载力

f_c——混凝土轴心抗压强度设计值;

f_t——混凝土轴心抗拉强度设计值;

f_k——矩形顶管管节外壁与土之间的平均摩阻力标准值;

F_0——矩形顶管顶推阻力标准值;

F_f——矩形顶管摩阻力标准值;

F_{fs}——沉井段结构基底地下水浮力标准值;

F_{ft}——连接段结构基底地下水浮力标准值;

F_h——预制斜向支撑桩对围护墙的水平反力标准值;

F_k——预制斜向支撑桩轴向压力标准值;

F_p——压沉系统作用下外部助沉压力标准值;

F_{pd}——压沉系统桩基提供的抗拔承载力设计值;

F_{pmax}——压沉系统能提供的外部最大助沉压力;

F_v——预制斜向支撑桩对围护墙的上拔力标准值;

F_w——沉井下沉过程中地下水浮力标准值;

G_g——接高后沉井结构自重标准值;

G_k——下沉过程中沉井结构自重标准值;

G_{ks}——沉井段结构自重标准值;

G_{kt}——连接段结构自重标准值;

G_{kw}——车站主体覆土自重标准值;

G_l——顶圈梁自重标准值；

G_p——围护桩自重标准值；

M——计算宽度内最大弯矩设计值；

N_f——矩形顶管机迎面阻力标准值；

R_d——预制斜向支撑桩轴向抗压承载力设计值；

R'_d——围护桩抗拔承载力设计值；

R_b——刃脚、底梁（贯入墙）下地基土反力标准值；

R_k——单桩轴向抗压极限承载力标准值；

T_f——井壁外侧土的摩阻力标准值；

T_{fs}——沉井段结构井壁提供的抗拔承载力设计值；

T_{ft}——连接段结构侧墙提供的抗拔承载力设计值；

T_{uk}——围护桩抗拔侧摩阻力标准值；

V_s——地层损失量。

2.2.3 几何参数

A_m——顶管机截面面积；

A_{ps}——桩身截面面积；

b_0——计算宽度；

b_1——矩形顶管管节外边宽度；

b_s——管节侧面施工操作空间；

b_c——预制斜向支撑桩水平间距；

B_s——顶管始发井最小内净宽度；

C_d——顶管管节外轮廓周长；

d——地表沉降计算点至沉井侧壁的距离；

D_{eq}——矩形顶管面积等效圆直径；

h_p——沉井内土塞高度；

h_s——管节底部施工操作空间；

h_t——封底混凝土厚度；

h_u——封底混凝土附加厚度；

H_c——沉井下沉深度；

H_d——顶管始发井底板面最小深度；

H_1——矩形顶管管节外边高度；

H_s——顶管机截面中心至地面的覆土厚度；

H_t——顶管顶部至地面的覆土厚度；

H_w——顶管机截面中心至地下水位线的高度；

l_1——顶管最小吊装长度；

l_2——顶管千斤顶长度；

l_k——顶管后靠、顶铁厚度及安装富余量；

L_d——矩形顶管设计顶进长度；

L_s——顶管始发井最小内净长度；

s——预制斜向支撑桩桩顶轴向变形；

s_0——围护墙墙顶设计允许最大侧向位移；

S_{max}——矩形顶管轴线上方最大地表沉降值；

$S_{(x)}$——地表沉降计算点的地表沉降值；

x——地表沉降计算点至顶管轴线的横向水平距离；

δ_v——沉井下沉时地表沉降值；

δ_{vmax}——沉井下沉时最大地表沉降值；

θ——预制斜向支撑桩与围护墙的夹角。

2.2.4 计算系数

i——地表沉降槽宽度系数；

K_g——沉井接高稳定性系数；

k_h——预制斜向支撑桩水平刚度系数；

K_{fs}——沉井封底阶段抗浮安全系数；

K_{ft}——结构贯通阶段抗浮安全系数；

K_{fu}——正常使用阶段抗浮安全系数；

K_p——压沉安全系数；

K_{st}——沉井下沉系数；

T——地层损失转化系数；

α——地面沉降槽形状系数；

α_k——预制斜向支撑桩刚度调整系数；
γ_0——结构重要性系数；
γ_F——综合分项系数；
γ_R——单桩竖向承载力分项系数；
φ_p——桩身稳定性系数；
ψ_c——基桩成桩工艺系数。

3 基本规定

3.0.1 轨道交通地下工程预制装配式结构应满足建筑功能、环境保护、抗震、防水、防火、防护、防腐蚀、施工、运营等要求,并做到安全耐久、技术先进、经济合理、绿色环保。

3.0.2 采用预制装配技术的基坑工程,围护结构与主体结构相结合时宜采用两墙合一的型式。车站主体结构侧墙宜采用复合墙,也可采用叠合墙;车站附属结构侧墙宜采用复合墙,也可采用单墙。

3.0.3 轨道交通地下工程预制装配式主体结构和使用期间不可更换的内部结构设计工作年限不应低于100年,安全等级应为一级,结构重要性系数 γ_0 不应小于表3.0.3的规定。

表3.0.3 结构重要性系数 γ_0

结构重要性系数	持久设计状况 短暂设计状况	偶然设计状况 地震设计状况
γ_0	1.1	1.0

3.0.4 轨道交通地下工程预制装配式结构的设防类别应划为重点设防类,抗震设防烈度为7度,设计地震分组为第二组,并按8度抗震设防要求采取抗震构造措施。地下车站主体结构抗震等级宜为二级,附属结构抗震等级宜为三级。

3.0.5 轨道交通地下工程预制装配式结构的设计应符合下列规定:

1 采用明挖法施工的地下车站,主体结构底板、侧墙宜采用现浇混凝土结构,中、顶板可采用混凝土叠合板,内部结构可采用预制装配式结构,结构设计应根据连接节点的受力性能和构造方式确定计算模型。

  2 采用连续沉井法施工的地下车站,各相邻沉井间差异沉降应满足轨道交通的使用要求,相邻沉井间的临时井壁宜采用便于拆卸和重复利用的预制构件。

  3 采用盾构、矩形顶管、束合式结构等暗挖法施工的地下工程,应根据工程地质和水文地质、管线及周边环境情况等条件,确定其埋深、线位和结构断面尺寸;整环或分块拼装的管节应满足预制构件的结构受力、生产制作、运输吊装、施工安装等要求。

  4 预制构件的生产制作、运输吊装及施工安装过程中应考虑相应的结构动力效应。

3.0.6 轨道交通地下工程预制装配式结构防水等级应符合下列规定:

  1 地下车站主体结构、附属结构出入口通道的防水等级应为一级。

  2 地下车站附属结构风道、地下区间隧道的防水等级应为二级,有防潮要求的机电设备集中段应为一级。

3.0.7 轨道交通地下工程预制装配式结构的耐火等级应为一级。

3.0.8 轨道交通地下工程预制装配式主体结构应采取防止杂散电流腐蚀的措施,并符合现行行业标准《地铁杂散电流腐蚀防护技术标准》CJJ/T 49 的有关规定。

3.0.9 预制构件的生产应建立首件验收制度;进场时应检查预制构件质量证明资料、出厂合格证、外观质量、尺寸偏差、预埋件位置及数量;施工中应检查安装及连接质量、垂直度、标高、轴线偏位。

3.0.10 轨道交通地下工程预制装配式结构的设计、生产制作、施工安装和运营维护应采用建筑信息模型(BIM)技术,宜建立全过程的信息化管理平台。

4 材 料

4.0.1 轨道交通地下工程预制装配式结构的工程材料应综合考虑可靠性、耐久性、经济性等要求,并根据结构类型、受力条件、使用要求和所处环境条件选用。主要材料宜选用钢筋混凝土材料,必要时也可选用金属材料。

4.0.2 混凝土的原材料组成、混凝土强度等级、最大水胶比、单位体积混凝土的胶凝材料用量等应符合结构安全、耐久、抗渗、防裂等要求,一般环境条件下的混凝土最低强度等级应符合表 4.0.2 的规定。

表 4.0.2　一般环境条件下混凝土最低强度等级

施工工法	结构构件	最低强度等级
明挖法	非预应力预制构件	C40
	预应力预制构件	C50
盾构法	钢筋混凝土管片	C50
	内部结构预制构件	C40
连续沉井法	主体结构	C40
	内部结构预制构件	C40
矩形顶管法	钢筋混凝土管节	C50
	内部结构预制构件	C40
束合式结构	预应力混凝土	C40
	内部结构预制构件	C40

4.0.3 当预制装配式结构表面与土壤或水接触时,应采用防水混凝土,抗渗等级不应小于 P8。当场地土壤或水有腐蚀性时,结构设计尚应符合现行上海市工程建设规范《轨道交通及隧道工程

混凝土结构耐久性设计施工技术标准》DG/TJ 08—2128 的有关规定。

4.0.4 混凝土结构的钢筋应符合下列规定：

1 混凝土结构的普通钢筋应选用 HPB300、HRB400、HRBF400、HRB500、HRBF500 级钢筋。

2 预应力筋应选用预应力钢绞线、预应力螺纹钢筋。

3 有抗震设防要求的框架结构，受力钢筋应选用 HRB400E、HRBF400E、HRB500E、HRBF500E 级钢筋，并应符合下列规定：

  1) 抗拉强度实测值与屈服强度实测值的比值不应小于 1.25；

  2) 屈服强度实测值与屈服强度标准值的比值不应大于 1.30；

  3) 最大拉力下的总延伸率实测值不应小于 9%。

4.0.5 钢构件宜选用 Q235 钢、Q355 钢或 Q390 钢，其质量等级不应低于 B 级。钢构件的钢材应符合下列规定：

1 屈强比不应大于 0.85。

2 应有明显的屈服台阶，且伸长率不应小于 20%。

3 应有良好的焊接性和合格的冲击韧性。

4.0.6 预制构件的连接材料应符合下列规定：

1 当混凝土构件的受力钢筋在同一连接区段内钢筋接头面积百分率为 100% 时，应选用Ⅰ级机械连接接头。

2 钢筋套筒灌浆连接接头采用的套筒应符合现行行业标准《钢筋连接用灌浆套筒》JG/T 398 的有关规定，灌浆料应符合现行行业标准《钢筋连接用套筒灌浆料》JG/T 408 的有关规定。

3 钢筋浆锚搭接连接接头应采用水泥基灌浆料，灌浆料应符合现行国家标准《水泥基灌浆材料应用技术规程》GB/T 50448 的有关规定。

4 型钢组合支撑、预应力鱼腹式钢支撑钢构件的连接应采用高强度螺栓连接，螺栓性能等级不应低于 8.8 级，连接强度应满足钢支撑的受力要求。

  5 预制构件的吊环应采用未经冷加工的 HPB300 钢筋或 Q235B 圆钢制作。

4.0.7 地下工程防水卷材、防水涂料以及结构接缝处止水材料的外观质量、品种规格、物理力学性能、材料厚度等除应符合现行国家标准《地下工程防水技术规范》GB 50108 的有关规定外,尚应满足设计要求。

5 基坑工程

5.1 一般规定

5.1.1 本章适用于采用预制装配技术的明挖法地下车站和明挖法地下区间基坑支护工程。

5.1.2 预制装配式支护结构的选型应符合下列规定：

1 应综合考虑工程地质与水文地质条件、基坑规模、周边环境条件、地下主体结构类型及施工方法，并结合工程经验，选择合理的支护结构形式。

2 围护结构可选用预制地下连续墙、劲芯水泥土墙等类型。

3 支撑结构可选用钢管支撑、型钢组合支撑、预应力鱼腹式钢支撑、预制斜向支撑桩等类型。

5.1.3 预制装配式围护墙设计计算应包括下列内容：

1 构件的截面承载力、截面模量、惯性矩等力学特性。

2 构件的连接方式和变形协调能力。

3 地下水对围护结构的腐蚀影响。

4 基坑周围环境对变形的控制要求。

5 施工工艺及运输、吊装要求。

6 兼作永久结构时的裂缝宽度控制要求。

7 后期需与邻近地下室联通时的预留洞口措施。

8 回收要求、回收过程中的环境影响控制措施。

5.1.4 采用预制装配式支护结构的基坑工程设计、施工、检测和监测除应符合本标准规定外，尚应符合现行上海市工程建设规范《基坑工程技术标准》DG/TJ 08—61 的有关规定。

5.2 设 计

5.2.1 预制地下连续墙的设计应符合下列规定：

1 墙厚应根据受力和变形计算以及墙体抗渗要求综合确定。

2 墙身可采用空心截面，入槽后空腔内宜采用素混凝土回填；当选用叠合墙或单墙时，与主体结构连接位置应采用实心截面。

3 墙段平面宽度、竖向长度应结合设备吊装、运输能力、施工条件、成槽稳定性等因素综合确定，平面宽度不宜大于 4 m。

4 相邻预制地下连续墙的水平向分幅接头宜选用现浇钢筋混凝土接头或榫卯式接头。

5 预制地下连续墙竖向分节接头宜采用干式连接接头。

6 预制地下连续墙宜采用墙底注浆以及墙体与槽壁间的缝隙注浆加固措施。

5.2.2 劲芯水泥土墙可选用水泥土搅拌桩或等厚度水泥土搅拌墙工艺，水泥土墙应符合下列规定：

1 水泥土墙厚度和深度应满足芯材插入要求，墙体厚度宜比芯材截面高度宽不小于 100 mm，墙体深度宜比芯材的插入深度深不小于 500 mm。

2 当内插芯材为锁扣型钢时，应采用等厚度水泥土搅拌墙工艺，搅拌墙厚度宜取 650 mm～1 200 mm。

3 当内插芯材为 H 型钢或预制 H 形混凝土桩时，可选用水泥土搅拌桩或等厚度水泥土搅拌墙工艺，搅拌墙厚度或搅拌桩直径宜取 750 mm～1 000 mm。

4 当内插芯材为预制混凝土矩形板桩时，应采用等厚度水泥土搅拌墙工艺，搅拌墙厚度宜取 600 mm～850 mm。

5 当采用水泥土搅拌桩时，应采用套接一孔工法施工。

6 当采用铣削式深搅水泥土搅拌墙时,幅间搭接长度不应小于 300 mm。

5.2.3 劲芯水泥土墙内插芯材可选用 H 型钢、锁扣型钢、预制 H 形混凝土桩、预制混凝土矩形板桩等,芯材应符合下列规定:

1 芯材的适用范围宜符合表 5.2.3 的规定。

2 当基坑用于盾构或顶管的工作井时,芯材宜选用可回收型材料。

3 芯材竖向分节连接时,连接接头不宜超过 2 个,接头位置应避开墙身受力较大处,相邻幅竖向接头应错开不小于 1 m,且距离基坑底面不宜小于 2 m。

表 5.2.3 劲芯水泥土墙内插芯材适用范围

名称	基坑深度	可否两墙合一	可否参与抗浮	可否回收
锁扣型钢	≤20 m	可	不宜	可
预制混凝土矩形板桩	≤15 m	可	可	不应
H 型钢	≤12 m	不应	不应	可
预制 H 形混凝土桩	≤12 m	不宜	不宜	不应

5.2.4 当劲芯水泥土墙内插芯材为锁扣型钢时,设计应符合下列规定:

1 宜采用带锁扣的 H 型钢构件,在等厚度水泥土搅拌墙中相互嵌套连接。

2 截面主抗弯方向应与基坑边线垂直。

3 围护墙直线段可采用一字形布置,转角幅锁扣型钢宜采用 L 形转角型钢;曲线段可在锁扣型钢间增设止水钢板进行间接嵌套。

4 锁扣型钢垂直度偏差不应大于 1/300。

5.2.5 当劲芯水泥土墙内插芯材为预制 H 形混凝土桩时,设计应符合下列规定:

1 桩身截面高度不宜小于 650 mm,腹板厚度不宜小于 160 mm,翼缘宽度不宜小于 300 mm,翼缘厚度不宜小于 120 mm。

2 单节桩长不宜大于 18 m。

3 桩身垂直度偏差不应大于 1/200。

5.2.6 当劲芯水泥土墙内插芯材为预制混凝土矩形板桩时,设计应符合下列规定:

1 墙体平面布置形式宜平直,转角处延伸段不宜小于 2 m,且转角部位应设置异形截面的预制混凝土矩形板桩。

2 预制混凝土矩形板桩截面形状宜为中间留设圆形或方形空腔的矩形截面,板桩宽度不宜小于 600 mm,厚度不宜小于 300 mm,空心板桩的最小有效壁厚不应小于 60 mm。

3 单节桩长不宜大于 14 m。

4 预制混凝土矩形板桩水平向接头宜采用榫卯式接头,接头间隙注浆填实。

5 桩身垂直度偏差不应大于 1/300。

5.2.7 当地下车站主体结构基坑采用装配式支撑时,可选用钢管撑、型钢组合支撑等形式。当地下车站附属结构基坑采用装配式支撑时,可选用钢管撑、型钢组合支撑、预应力鱼腹式钢支撑、预制斜向支撑桩等形式。对于敏感环境条件下变形控制严格的基坑,宜采用轴力自动补偿支撑。

5.2.8 型钢组合支撑结构体系的设计应符合下列规定:

1 型钢组合支撑结构体系包括 H 型钢支撑梁、围檩、立柱、连接件等构件。

2 相邻对撑的水平净距,采用钢围檩时不宜大于 8 m,采用混凝土围檩或顶圈梁时不宜大于 10 m。

3 对撑端部可设置八字撑,八字撑宜对称布置,轴线长度不宜大于 9 m,与顶圈梁、围檩之间的夹角宜取 30°~60°。

4 型钢支撑梁应尽量减少拼接节点；当采用多根型钢组合时，拼接位置宜设置在立柱和托梁附近，拼接点宜相互错开，错开长度不宜小于 1 m。

5 型钢支撑梁的上翼缘应设置盖板，下翼缘宜设置系杆，盖板或系杆的位置宜上、下对应。

6 单道水平支撑系统可选用两层或两层以上型钢支撑梁，上、下型钢支撑梁之间应设置型钢垫梁，并通过垫梁形成有效连接。

7 型钢支撑梁应配置预应力施加装置，预应力施加装置应具有多次施加预应力的功能，型钢支撑梁预应力值应结合基坑侧壁的变形控制要求及支护结构的内力情况综合确定，宜为支撑轴力设计值的 30%～75%。

5.2.9 预应力鱼腹式钢支撑结构的设计应符合下列规定：

1 预应力鱼腹式钢支撑结构体系由水平支撑结构和竖向支承结构组成；水平支撑结构包括对撑、角撑、预应力鱼腹梁、腰梁和连接件，竖向支承结构包括立柱、立柱桩和连接件。

2 预应力鱼腹梁由上弦梁、直腹杆、斜腹杆、连杆、桥架和由钢绞线制成的下弦梁组合而成；对撑、角撑包括对撑、角撑杆件和预应力装置。

3 钢支撑对撑、角撑及鱼腹梁的预应力施加应遵循对称、分级、均匀的原则，鱼腹梁钢绞线预加拉力宜取钢绞线轴力设计值的 60%～75%，对撑、角撑的预应力宜取支撑轴向压力设计值的 60%～70%。

5.2.10 轴力自动补偿钢支撑的设计应符合下列规定：

1 宜采用有利于轴力自动补偿的支撑布置形式。

2 钢支撑轴力施加值应根据变形控制确定。

3 应配备支撑轴力的自动监测和施加系统。

5.2.11 当采用型钢组合支撑、预应力鱼腹式钢支撑时，立柱和立柱桩的设计计算应符合现行上海市工程建设规范《基坑工程技术标准》DG/TJ 08—61 的有关规定。

5.2.12 当采用预制斜向支撑桩时,设计应符合下列规定:

1 预制斜向支撑桩可用于环境保护等级为二级或三级的地下车站附属结构基坑。

2 预制斜向支撑桩的板式支护围护墙宜采用平面竖向弹性地基梁法进行内力和变形分析,预制斜向支撑桩的刚度、内力、承载力计算应符合本标准附录 A 的规定。

3 预制斜向支撑桩与围护墙的竖向夹角宜取 $15°\sim45°$。

4 预制斜向支撑桩应穿越软弱土层,进入相对较好土层;进入较好土层的深度应根据承载力与变形计算确定,且不宜小于 1 m。

5 预制斜向支撑桩穿越结构底板位置应设置止水钢板等止水措施。

5.3 施工与检测

5.3.1 预制地下连续墙的施工应符合下列规定:

1 成槽深度应比预制墙段埋置深度深 100 mm~200 mm;墙段安放前槽段底部应均匀回填级配良好的碎石,回填高度不应小于 50 mm。

2 成槽前应进行槽壁稳定性验算,成槽过程中应减少施工荷载对槽壁稳定的影响,成槽宽度宜比预制墙体厚度宽不小于 20 mm。

3 成槽施工宜采用连续成槽法进行;预制墙段的安放顺序宜为先转角墙段后直线墙段,预制地下连续墙安放的闭合位置宜设置在直线墙段。

4 预制墙段入槽、安放应平稳,并应控制两个方向垂直度,安放后的墙段应准确固定在导墙上。

5.3.2 相邻预制地下连续墙的水平向分幅接头施工应符合下列规定:

1 宜以 3 个~5 个预制墙段作为一个施工段,上一施工段最外侧的接头宜在下一施工段完成后进行。

2 接头施工前应先对两侧墙段侧壁进行刷壁,再对接头位置进行清孔。

3 接头刷壁器应与接头形式匹配,刷壁深度应到槽段底部,刷壁次数不应少于2次,保证刷壁器上无泥。

4 当采用现浇钢筋混凝土接头时,宜采用细石混凝土,混凝土强度等级应符合混凝土水下浇筑的相关要求。

5 当采用榫卯式接头时,墙体垂直度应符合设计要求,预制墙体就位后宜通过张拉钢绞线完成拼装,拼装完成后通过灌浆通道进行注浆填充。

6 首开幅、闭合幅、连续幅的接头形式应符合设计要求,施工前应在现场进行组装试验并进行编号配对,接头箱及连接件应具有足够的强度和刚度。

5.3.3 预制地下连续墙墙底以及墙体与槽壁间缝隙注浆加固的施工应符合下列规定:

1 注浆施工前,宜选择有代表性的墙段进行注浆试验,确定注浆装置、水灰比、注浆压力、注浆速率、注浆量等技术参数。

2 预制墙段与槽段前后缝隙注浆应在接头施工完毕后进行。

3 每幅预制墙段宜设置不少于2根注浆管,注浆时各注浆点应均匀注浆。

4 浆液指标及注浆技术参数应符合表5.3.3的规定。

表5.3.3 注浆加固浆液指标及注浆技术参数

项目	指标参数	项目	指标参数
水胶比	0.5~0.6	注浆压力	0.2 MPa~0.4 MPa
水玻璃掺量	2%~5%	注浆速度	10 L/min~20 L/min

5.3.4 当劲芯水泥土墙内插芯材为锁扣型钢时,施工应符合下列规定:

1 施工前宜进行工艺试验,确定相应的技术参数。

2 可选用现浇钢筋混凝土导墙或钢板导墙；当采用现浇钢筋混凝土导墙时，导墙宜筑于密实的土层上，并高出地面高度不应小于 100 mm，导墙净距应比墙体设计厚度宽不小于 40 mm；当采用钢板导墙时，导向沟槽深度宜为 0.8 m～1.5 m，主机一侧的钢板宽度不宜小于 6 m，厚度不宜小于 20 mm。

3 锁扣型钢应在水泥土墙成墙搅拌完成 2 h 内插入，插入前应检查其平整度、套箍、端头板和接头质量。

4 锁扣型钢的插入应采用牢固的定位导向架，插入过程中应采取措施保证锁扣型钢垂直度和防止滑落；锁扣型钢插入到位后应控制锁扣型钢顶标高。

5.3.5 当劲芯水泥土墙内插芯材为预制 H 形混凝土桩时，施工应符合下列规定：

1 施工前应进行测量放样及复核验收，并根据施工顺序，安排施工设备、预制桩的放置位置。

2 当采用水泥土搅拌墙时，宜选用现浇钢筋混凝土导墙或钢板导墙；当采用水泥土搅拌桩时，可根据定位控制线开挖导向沟，并在沟槽边设置搅拌桩定位标志。

3 预制 H 形混凝土桩应在水泥土搅拌墙搅拌完成 3 h 内插入，插入前应检查其平整度和接头质量。

4 预制 H 形混凝土桩的插入应采用牢固的定位导向架，插入过程中应采取措施保证预制桩垂直度和防止滑落；预制桩插入到位后应控制桩顶标高。

5 预制 H 形混凝土桩宜依靠自重插入，当桩体插入有困难时，可选用振动或锤击等下沉辅助措施。

5.3.6 当劲芯水泥土墙内插芯材为预制混凝土矩形板桩时，施工应符合下列规定：

1 施工前应检查板桩外观质量、校核桩位，测量放线定位。

2 应选用定位导向架或专用插板机下插预制板材。

3 槽段水平向应对中连接，水平向连接接头宜采用榫卯式接头。

4 上、下节芯材的竖向连接，宜在构件制作时成对预埋由大、小螺母拼接组成的机械连接装置，球头插杆的圆头部分及大螺母连接槽内宜施涂环氧树脂类密封材料。

5.3.7 装配式支撑的安装应遵循"时空效应"原理，减少无支撑暴露时间。支撑施加预应力前，应与托梁连接固定，待预应力施加完成后，再对托梁和杆件进行螺栓连接。支撑安装以及施加预应力期间，应及时检查各节点的连接状况，如遇异常应立即停止施工，排除隐患后方可继续作业。

5.3.8 型钢组合支撑的施工应符合下列规定：

1 钢支撑应在工厂加工制作，安装前宜在地面进行预拼装。

2 钢支撑安装前，应做好测量定位工作，保证支撑位置准确。

3 钢支撑就位时，应根据监控量测方案及时安装监测设备。

4 当采用无围檩的钢支撑系统时，钢支撑与围护墙体的连接应满足钢支撑受力要求。

5 钢支撑安放到位后，应检查各节点的连接状况，符合设计要求后方可施加预应力。

5.3.9 预应力鱼腹式钢支撑的施工应符合下列规定：

1 预应力鱼腹式钢支撑应在立柱、托座、托梁和托架等竖向支承构件设置完成后，按照"先鱼腹梁、后支撑"的顺序进行水平支撑系统的拼装。

2 应遵循"先支撑，后鱼腹梁"的次序进行分级、循环施加预应力。

3 鱼腹梁钢绞线的张拉力应由张拉器的液压值和钢绞线伸长量进行双控。

4 预应力施加完毕后应锁紧鱼腹梁与两端围檩间的螺栓以及托梁与支撑间的螺栓。

5 支撑体系安装完成、预应力施加达到设计值后方可开挖下层土方，基坑实施过程中应根据监测数据复加预应力。

5.3.10 装配式支撑的拆除应满足设计条件，并应符合下列规定：

1 支撑拆除时应设置安全可靠的防护措施和作业空间，并对主体结构采取保护措施。

2 型钢组合支撑进行机械拆除作业时，应按照施工组织设计选定的机械设备及吊装方案进行施工。

3 预应力鱼腹式钢支撑拆除时，应先释放鱼腹梁钢绞线的轴力，再释放支撑的轴力，逐级先后实施。

4 预应力钢支撑的拆除，应分级释放预应力至零应力状态，每级内力释放后宜观察 30 min，并检查支撑节点变化及基坑周边变形情况，如有异常应立即采取措施；拆除多组对撑或角撑时，宜跳仓实施。

5.3.11 预制斜向支撑桩的施工应符合下列规定：

1 应根据地质条件、周边环境和预制构件规格选用专项施工设备，设备夹箱倾斜角度宜为 0°～45°。

2 上、下节桩接桩宜采用焊接，焊接时下节桩的桩头高出地面高度不宜小于 0.5 m，下节桩的桩头宜设置导向箍，上、下节桩段应保持顺直，错位偏差不应大于 2 mm。

3 焊接完成的接头应自然冷却后方可继续压桩，焊接接头的质量检查宜进行探伤检测。

4 预制斜向支撑桩的拆除宜采用整体静力切割；当顶圈梁设置外挑牛腿时，应将外挑牛腿一并切割。

5.3.12 采用预制装配式支护结构的基坑工程宜采用自动化监测手段，监测项目、监测频率、监测报警值等，应符合现行上海市工程建设规范《城市轨道交通工程施工监测技术规范》DG/TJ 08—2224 的有关规定。

5.3.13 当采用测斜管进行预制装配式围护墙深层水平位移监测时，应符合下列规定：

1 对空芯预制混凝土构件，宜将测斜管置于预制构件空腔内,空腔采用灌浆料或混凝土填充。

  2 对实芯预制混凝土构件及型钢构件,宜通过固定于预制构件上的钢套管与测斜管进行可靠连接。

  3 围护墙顶端应设置水平位移监测点以满足校准需求。

5.3.14 预制地下连续墙的制作允许偏差应符合表 5.3.14 的规定。

表 5.3.14 预制地下连续墙制作质量检验标准

检查项目	允许偏差	检查数量	检查方法
长度	±10 mm	3点/件	钢尺测量
宽度	0,−5 mm	3点/件	钢尺测量
厚度	0,−5 mm	3点/件	钢尺测量
侧向弯曲	$L/1000$ 且≤10 mm	2点/件	拉线、钢尺测量
预埋件中心位置	5 mm	每件	钢尺测量
对角线差	10 mm	2点/件	钢尺测量
表面平整度	5 mm	3点/件	靠尺、塞尺测量

  注:1 同一类型的构件,不超过 100 个为一检验批,每批抽检数量不应低于总数的 5%,且不应少于 3 个。
    2 L 为预制地下连续墙长度(mm)。

5.3.15 预制地下连续墙的施工允许偏差应符合表 5.3.15 的规定。

表 5.3.15 预制地下连续墙施工质量检验标准

检查项目	允许偏差	检查数量	检查方法
垂直度	1/300(墙段)	全数	经纬仪测量
	1/500(接头)	全数	
墙顶标高	±10 mm	全数	水准仪测量
平面位置	10 mm(平行于基坑边线)	全数	钢尺测量
	10 mm(垂直于基坑边线)	全数	

5.3.16 锁扣型钢用的 H 型钢制作允许偏差应符合表 5.3.16 的规定。

表 5.3.16 锁扣型钢用的 H 型钢制作质量检验标准

检查项目	允许偏差	检查数量	检查方法
截面高度	±5 mm	3 点/件	钢尺测量
翼缘宽度	±3 mm	3 点/件	钢尺测量
腹板、翼缘厚度	±1 mm	3 点/件	游标卡尺测量
长度	±50 mm	3 点/件	钢尺测量
直线度	$L/1000$	2 点/件	钢尺测量
挠度	$L/500$	2 点/件	拉线、钢尺测量
端部平整度	2 mm	3 点/件	水平尺、钢尺测量

注:1 同一类型的构件,不超过 100 个为一检验批,每批抽检数量不应低于总数的 5%,且不应少于 3 个。
  2 L 为 H 型钢长度(mm)。

5.3.17 锁扣型钢的施工允许偏差应符合表 5.3.17 的规定。

表 5.3.17 锁扣型钢插入水泥土搅拌墙施工质量检验标准

检查项目	允许偏差	检查数量	检查方法
垂直度	1/300	全数	经纬仪测量
墙顶标高	±50 mm	全数	水准仪测量
平面位置	20 mm(平行于基坑边线)	全数	钢尺测量
	10 mm(垂直于基坑边线)	全数	钢尺测量
形心转角	3°	全数	量角器测量

5.3.18 型钢组合支撑的制作允许偏差应符合表 5.3.18 的规定。

表 5.3.18 型钢组合支撑制作质量检验标准

检查项目	允许偏差	检查数量	检查方法
截面尺寸	±3 mm	3 点/件	钢尺测量

续表5.3.18

检查项目	允许偏差	检查数量	检查方法
腹板、翼缘厚度	±1 mm	3点/件	游标卡尺测量
长度	±10 mm	3点/件	钢尺测量
直线度	$L/1000$	2点/件	钢尺测量
挠度	$L/500$	2点/件	拉线、钢尺测量
端部平整度	2 mm	3点/件	水平尺、钢尺测量
螺栓孔间距	2 mm	每件	钢尺测量
螺栓孔直径	+2 mm,0	每件	游标卡尺测量
螺栓孔数量	—	每件	计数

注：1 同一类型的构件，不超过100个为一检验批，每批抽检数量不应低于总数的5%，且不应少于3个。
2 L 为型钢长度(mm)。

5.3.19 型钢组合支撑的施工允许偏差应符合表5.3.19的规定。

表5.3.19 型钢组合支撑施工质量检验标准

检查项目		允许偏差	检查数量	检查方法
支撑之间轴线偏移		30 mm	全数	水准仪测量
支撑预加压力		+50 kN,0	全数	油泵读数或传感器测量
支撑挠度		$L/1000$	全数	钢尺测量
平面位置		20 mm	全数	钢尺测量
标高		±20 mm	全数	水准仪测量
盖板、系杆	尺寸	0,−1 mm	全数	钢尺测量
	间距	20 mm	全数	钢尺测量

注：L 为支撑长度(mm)。

5.3.20 预制斜向支撑桩的施工允许偏差应符合表 5.3.20 的规定。

表 5.3.20 预制斜向支撑桩施工质量检验标准

检查项目		允许偏差	检查数量	检查方法
规格及尺寸	桩长	±20 mm	全数	钢尺测量
	桩径	±5 mm	全数	钢尺测量
定位及压桩	桩入土平面位置	100 mm	全数	钢尺测量
	桩入土标高	±100 mm	全数	水准仪测量
	桩水平角度	±3°	全数	量角器测量
	桩竖向角度	±2°	全数	量角器测量
桩角度		2°	全数	量角器测量

6 地下车站结构

6.1 一般规定

6.1.1 本章适用于采用明挖法施工的地下车站预制装配式主体结构及内部结构,明挖法地下区间预制装配式结构也可参照使用。

6.1.2 预制构件的尺寸大小和分块方式除应满足结构在施工过程及使用期间的受力和变形要求外,尚应兼顾构件制作、运输和吊装等需求。

6.1.3 预制构件连接接头应受力明确、构造可靠,根据地下结构的受力特性和工程施工环境特点,可选择干式连接接头或湿式连接接头。

6.1.4 预制装配式结构宜根据结构形式及单个预制构件重量进行预制构件的轻量化设计。

6.2 设 计

6.2.1 地下车站的预制装配式建筑设计应遵循少规格、多组合、系统集成的原则,满足通用化、模数化、标准化的要求,并应符合下列规定:

  1 预制构件尺寸模数应与柱网、层高、门洞、设备管理区用房布置等相匹配,并符合现行国家标准《建筑模数协调标准》GB/T 50002 的有关规定。

  2 平面布置宜规则,楼扶梯孔洞宜沿柱网两侧对称布置,结构分缝不应横穿重要设备用房。

3 公共区主要管线通廊宜集中设置并与预制构件一体化设计。

4 设备管理区应充分考虑房间的可变性,吊挂设备管线及装修部品部件与结构的连接应满足施工安装与使用维护的要求。

5 装修设计应采用防火、防水、防潮、防腐、隔声的环保材料,宜采用装配式隔墙、吊顶、楼地面等集成化部品。

6.2.2 当地下车站中板、顶板采用叠合板的形式时,设计应符合下列规定:

1 应根据施工阶段和正常使用阶段在结构上可能出现的荷载,按承载能力极限状态和正常使用极限状态分别进行结构强度、刚度和稳定性计算。

2 连接节点宜设置在结构受力较小且便于施工的位置,预制构件之间的连接构造应满足结构传递内力的要求。

3 叠合板的预制板厚度不宜小于 80 mm,叠合板总厚度不宜小于 300 mm。

4 结合面上宜设置凹凸深度不小于 4 mm 的粗糙面或双向设置间距不大于 50 mm、深度和宽度不小于 10 mm 的键槽。

5 当顶板采用叠合拱壳型式时,拱顶矢跨比应根据车站宽度、埋深、管线复位等因素综合确定,宜取 1∶5～1∶3。

6.2.3 预制板式楼梯的梯梁、梯柱宜采用现浇混凝土结构,梯段板可采用预制构件,并应符合下列规定:

1 梯段板顶、底均应配置通长纵向受力钢筋,预制梯段板厚度不宜小于 120 mm。

2 预制梯段板支座处应采用销键连接,高端支座宜采用固定铰支座,低端支座宜采用滑动铰支座,其转动及滑动变形能力应满足结构层间位移要求,梯段板宜按简支计算模型考虑。

3 梯梁应考虑弯、剪、扭组合作用,梯段板在梯梁上的搁置长度不宜小于 100 mm。

4 梯梁与梯段板宜采用螺栓连接,连接处宜设置柔性材料以减少运营期间车辆震动影响。

6.2.4 预制站台板结构可采用π形支墩和面板的组合形式,并应符合下列规定:

1 π形支墩纵向间距应根据面板受力合理性、构件规格、施工安装便利性等因素综合确定,间距宜为2 m～4 m。

2 π形支墩柱脚宜通过套筒灌浆或浆锚搭接与底板预留插筋连接,柱底与底板面后浇混凝土高度不宜小于100 mm。

3 π形支墩横梁与面板可选用搭接或螺栓连接。

4 相邻面板间宜预留10 mm拼缝,并采用柔性防水材料填充。

6.2.5 预制轨顶风道与车站中板宜整体预制、同步施工。当主体结构先期施工或整体预制构件吊装空间不足时,可在中板或侧墙预留连接件,预制轨顶风道后期实施。

6.2.6 当预制轨顶风道与车站中板分期实施时,连接设计应符合下列规定:

1 预制轨顶风道与中板宜通过钢筋、螺栓等连接方式牢固连接。

2 相邻预制轨顶风道的管节接缝处宜采用凹凸榫槽接口连接。

3 预制轨顶风道与车站中板的接缝处及相邻轨顶风道接缝处应采用不燃、耐高温防火材料严密填塞。

4 预制轨顶风道安装完成后,应具有良好的密封性能。

6.2.7 预制构件宜先行预埋好固定管线支架、装饰材料等预埋件或预留安装条件;当采用其他安装固定方式时,不应影响预制构件的完整性与结构安全。穿越楼板管线较多且集中的区域宜采用现浇楼板。

6.2.8 当静钻根植桩作为地下车站抗拔桩使用时,设计应符合下列规定:

1 植入桩的最下节桩应采用预应力混凝土竹节桩(PHDC

桩),植入桩的最上节桩宜采用复合配筋预应力高强混凝土管桩（PRHC桩）。

2 钻孔直径应比植入桩最大外径大50 mm～150 mm。

3 当持力层为可塑～硬塑黏土、中密～密实粉土、砂土时，桩端宜进行扩底；扩底部位的直径宜为1.2倍～1.6倍钻孔直径，扩底高度不宜小于3倍钻孔直径。

4 土体搅拌宜采用P·O42.5级水泥浆液或其他土体固化剂；桩端注浆液的水灰比宜取0.6～0.7，桩周注浆液的水灰比宜取1.0～1.2；注浆量应根据地层条件、桩长、承载力要求和工程经验等因素综合确定。

5 单桩抗拔承载力的计算除应符合现行上海市工程建设规范《地基基础设计标准》DGJ 08—11的有关规定外，尚应对植入桩桩身结构强度、连接强度等进行验算。

6 单根植入桩的接头数量不宜大于4个。

6.2.9 地下车站结构的防水设计应符合下列规定：

1 当顶板采用叠合板时，迎水面应设置顶板防水层。

2 当侧墙采用复合墙时，主体结构迎水面宜设置全包防水层。

3 当侧墙采用叠合墙时，围护墙表面应凿毛并清洗干净，与内衬墙之间可满涂水泥基渗透结晶防水涂料。

4 当侧墙采用单墙时，防水等级应为二级；围护墙内表面应设置防水层，防水层可选用水泥基渗透结晶防水涂料、聚合物水泥防水砂浆等。

5 当侧墙采用叠合墙或单墙时，围护墙与主体结构顶板、中板及底板连接处的施工缝应选用水泥基渗透结晶型防水涂料、遇水膨胀止水条(胶)等方法加强防水。

6 围护墙接缝若有渗漏，应及时选用注浆、嵌缝、施作防水砂浆等方法处理。

6.3 施工与检测

6.3.1 预制构件生产前应进行深化设计,深化设计应包括下列内容:

1 预制构件尺寸图、配筋图、预埋件布置图、金属加工件详图及其他节点详图等。

2 预制构件钢筋列表清单、预埋件列表清单、构件信息列表等。

3 预制构件脱模及翻转过程中混凝土强度、构件承载力、构件变形以及吊具、预埋吊件的承载力验算等。

4 预制构件布置图、安装支撑布置图等。

6.3.2 预制构件的制作与运输、结构施工及工程验收应符合现行行业标准《装配式混凝土结构技术规程》JGJ 1 的有关规定。

6.3.3 预制构件的安装应符合下列规定:

1 吊点数量、位置应根据计算确定,并确保吊具连接可靠。

2 吊装时,吊索与预制构件水平夹角不宜小于 60°,且不应小于 45°,并保证吊车主钩位置、吊具及预制构件重心在竖直方向重合。

3 安装时,应对安装位置、安装标高、垂直度、相邻预制构件平整度、高低差、拼缝尺寸等进行校核与调整。

4 临时固定措施、临时支撑系统应具有足够的强度、刚度和整体稳固性,叠合板的临时支撑须待后浇混凝土强度达到设计要求后方可拆除。

5 预制构件校准定位及临时支撑体系安装完成后,吊具与预制构件方可分离。

6.3.4 当顶板采用叠合拱壳型式时,施工应符合下列规定:

1 预制拱壳制作宜采用钢模;养护宜采用蒸汽养护,当构件达到一定强度后脱模,将构件移至堆场再进行自然养护。

2 预制拱壳运输与堆放时的支承位置应根据计算确定,预制拱板的运输与堆放应制定专项方案。

3 拱座宜采用现浇钢筋混凝土结构,安装模板时应进行测量放线,并采取措施保证模板位置准确定位。

4 预制拱壳吊放就位后,应对安装位置、安装标高、相邻构件平整度、高低差、接缝宽度等进行校核和调整,并采取临时固定措施。

5 预制拱壳结构之间钢筋连接可选用干式连接或湿式连接,钢筋锚固长度应满足设计要求。

6 后浇混凝土宜采用低收缩、高抗裂混凝土,浇筑总体方向由拱脚向拱顶分层对称浇筑,并控制两侧浇筑速度。

6.3.5 预制板式楼梯的施工应符合下列规定:

1 安装前应检查楼梯构件的平面定位及标高。

2 安装就位后应通过调平装置调整位置并可靠固定。

6.3.6 预制站台板的施工应符合下列规定:

1 应先进行π形支墩的定位安装,再进行面板的拼装。

2 π形支墩的安装应先定位校准柱脚的平面位置,并搭设临时支架,调整横梁标高。

3 π形支墩柱脚与底板预埋钢筋的连接施工完成后再浇筑混凝土,待混凝土达到设计强度后方可拆除临时支架。

6.3.7 预制轨顶风道的施工应符合下列规定:

1 吊装时应平稳并采取防翻转措施。

2 应准确定位、缓慢顶升,顶升前对预制构件槽道、安装预留孔洞等进行清理。

3 预制轨顶风道全部安装就位完成后,先进行标高调整,然后在预埋螺栓与螺孔间填充灌浆料,与中板形成整体。

6.3.8 静钻根植桩的施工应符合下列规定:

1 钻孔过程中应根据孔径、钻进速度及地质情况调整水或外加剂混合液的用量,确保孔内土体成流塑状态。

2 当采用扩底桩时,应根据地质情况,分 3 次～5 次逐步扩大至设计扩底直径;扩底时应在每根桩钻孔前对钻头扩大翼进行扩大尺寸、操作控制状况检查,确认正常后方可施工。

3 土体搅拌过程中注浆速度应与钻杆升降速度相匹配,保证浆液的均匀性。

4 两节及以上预制桩拼接的植入桩,可采用设置预埋孔的方式进行接桩;接桩宜采用 CO_2 气体保护焊焊接或机械连接。

5 植桩和注浆应保持连续,且应在桩端注浆液初凝前完成;当最后一节桩沉至地面附近时,采用送桩器将桩进行固定、校正和送桩。

6 填芯混凝土长度范围内不应有水泥土,施工过程中对桩孔内部应提前进行封堵或在底板施工前用专用工具将孔内水泥土清理完成。

6.3.9 预制楼梯、站台板、轨顶风道的制作允许偏差应符合表 6.3.9 的规定。

表 6.3.9 预制楼梯、站台板、轨顶风道制作质量检验标准

检查项目		允许偏差	检查数量	检查方法
长度		±5 mm	2点/件	钢尺测量
宽度、高(厚)度		±5 mm	3点/件	钢尺测量
表面平整度		5 mm	3点/件	靠尺、塞尺测量
侧向弯曲		$L/750$ 且≤10 mm	2点/件	拉线、钢尺测量
翘曲		$L/750$	2点/件	水平尺、钢尺测量
对角线差		10 mm	2点/件	钢尺测量
挠度变形		10 mm	2点/件	拉线、钢尺测量
预埋件	预埋板、吊环、吊钉中心线位置	5 mm	每件	钢尺测量
	预埋套筒、螺栓、螺母中心线位置	2 mm	每件	

续表6.3.9

检查项目		允许偏差	检查数量	检查方法
预埋件	预埋板、套筒、螺母与混凝土面平面高差	0，−5 mm	每件	钢尺测量
	螺栓外露长度	+10 mm，−5 mm	每件	
预留孔、预埋管中心位置		5 mm	每件	钢尺测量
预留插筋	中心线位置	3 mm	每件	钢尺测量
	外露长度	±5 mm	每件	
键槽	中心线位置	5 mm	每件	钢尺测量
	长、宽、深	±5 mm	每件	
预留洞	中心线位置	10 mm	每件	钢尺测量
	尺寸	±10 mm	每件	
与现浇部位模板接槎范围表面平整度		2 mm	3点/件	靠尺测量

注：1 同一类型的构件，不超过100个为一检验批，每批抽检数量不应低于总数的5%，且不应少于3个。
 2 L 为预制构件长度(mm)。
 3 检查中心线位置时，应沿纵、横两个方向测量，并取其较大值。

6.3.10 预制楼梯、站台板、轨顶风道的施工允许偏差应符合表6.3.10的规定。

表6.3.10 预制楼梯、站台板、轨顶风道施工质量检验标准

检查项目	允许偏差	检查数量	检查方法
构件中心线对轴线位置	10 mm	全数	钢尺测量
构件标高	±5 mm	全数	水准仪测量
构件垂直度	5 mm	全数	经纬仪测量
相邻构件平整度	5 mm	全数	靠尺、塞尺测量
构件搁置长度	±10 mm	全数	钢尺测量
支座(拱座)、支垫中心位置	10 mm	全数	钢尺测量

续表6.3.10

检查项目		允许偏差	检查数量	检查方法
接缝	宽度	±5 mm	全数	钢尺测量
	中心线位置	5 mm	全数	

6.3.11 静钻根植桩的施工允许偏差应符合表 6.3.11 的规定。

表 6.3.11 静钻根植桩施工质量检验标准

检查项目		允许偏差	检查数量	检查方法
焊接质量	上、下端部错口	3 mm	全数	钢尺测量
	上、下节平面偏差	10 mm	全数	钢尺测量
钻孔及植桩垂直度		1/200	全数	经纬仪测量
桩位偏差		100 mm	全数	钢尺测量
孔深偏差		+300 mm,0	全数	深度检测仪器测量
钻孔直径		+20 mm,0	全数	钢尺测量
扩底直径		+50 mm,0	全数	桩端液压扩大管理装置测量
扩底高度		+150 mm,0	全数	
桩顶标高		±50 mm	全数	水准仪测量

7 盾构法区间内部结构

7.1 一般规定

7.1.1 本章适用于采用盾构法施工的地下区间预制装配式内部结构。

7.1.2 盾构法施工隧道的衬砌结构设计计算及构造要求应符合现行上海市工程建设规范《城市轨道交通设计规范》DG/TJ 08—109 和《市域铁路设计标准》DG/TJ 08—2435 的有关规定。

7.1.3 地下区间预制装配式内部结构的设计与施工除应满足轨道交通限界、使用功能及施工工艺要求外，尚应考虑施工误差、结构变形和位移等因素的影响。

7.2 设 计

7.2.1 盾构法区间预制装配式内部结构包括烟道板、中隔墙、疏散平台板、列车行车道板、轨道板等。

7.2.2 盾构法区间预制装配式内部结构的设计应符合下列规定：

  1 内部结构沿隧道纵向接缝宜与隧道管片的环缝对齐。

  2 当隧道内设置中隔墙将上、下行线分隔为两个独立空间时，应分别考虑单侧列车行驶与双侧列车同时行驶工况下产生的风压荷载、疏散人群荷载作用，并满足结构强度、刚度和稳定性要求。

  3 中隔墙结构及其与圆形隧道衬砌连接构造节点应考虑衬砌环从盾构拼装至运营期全过程的变形富裕量。

4 内部结构应满足列车动荷载作用下的承载力和稳定性要求,并预留运营期间的检修条件。

7.2.3 内部结构与衬砌管片的连接节点应进行计算分析,节点部位的附加应力及变形应满足隧道整体结构安全要求。

7.2.4 预制构件尺寸应能满足在隧道内运输、安装等施工要求。

7.2.5 预制构件应根据施工工艺、机电设备功能要求、运营检修要求等预留孔洞及埋件。

7.2.6 当预制构件与衬砌结构同步施工时,预制构件沿隧道纵向幅宽宜与衬砌环模数一致。

7.2.7 预制构件之间的连接应可靠,采用干式连接接头时应作疲劳验证,列车上方的结构应采取防松动掉落措施。

7.2.8 预制烟道板、中隔墙与衬砌间的缝隙填充材料应满足防火要求,且具有良好的密封性能。

7.2.9 预制中隔墙与列车行车道板的连接接头可选用干式连接接头或湿式连接接头。

7.2.10 预制疏散平台板结构设计应符合下列规定:

　1 宜采用预埋件与中隔墙或衬砌连接。

　2 平台板应采取限位措施,在水平及垂直方向均不发生移动。

　3 平台宽度宜采用分档递进模数。

7.2.11 预制列车行车道板结构设计应符合下列规定:

　1 预制构件间宜采用螺栓纵向连接。

　2 预制构件底部与衬砌管片之间可选用细石混凝土、砂浆、灌浆料等材料填充平整、密实。

7.2.12 预制轨道板结构设计应符合下列规定:

　1 应根据列车荷载、温度荷载以及制造、运输和施工阶段的受力条件,并结合配套扣件、杂散电流、综合接地、耐久性等技术要求及轨旁设备安装要求进行预制轨道板的结构设计。

　2 预制轨道板长度模数应根据扣件间距、小半径曲线适应性、施工及运输条件等确定。

3 预制轨道板宽度和厚度应根据轨道板受力、限界等条件确定。

4 预制轨道板间板缝宽度不宜大于 100 mm，困难地段不宜大于 200 mm。

5 预制轨道板限位孔宜居中布置，限位孔可兼作灌浆孔和观察孔。

6 预制轨道板应根据吊装、运输要求，在板侧面或顶面预埋吊装用套管或吊钉。

7 预制轨道板应根据施工要求预留测量标架的安装条件。

8 当采用接触轨供电制式时，宜在预制轨道板上预留接触轨的安装条件。

7.3 施工与检测

7.3.1 预制装配式内部结构施工前应进行隐蔽工程验收。

7.3.2 预制烟道板在堆放、运输过程中不应倒置。

7.3.3 预制中隔墙宜通过拼装机调整就位，就位后采用临时支撑进行固定。

7.3.4 当疏散平台板与中隔墙下部结构一体化预制时，可与中隔墙同步安装；当疏散平台板和中隔墙分开制作时，其安装应符合下列规定：

1 预制疏散平台板的施工应在铺轨完成后进行，并以线路中心线及相应的轨面标高为基准进行安装测量。

2 预制疏散平台板的安装锚固施工应避开土建结构受力钢筋位置。

3 预制疏散平台板安装完成后，大于 5 mm 的拼缝应作嵌缝处理。

7.3.5 预制列车行车道板的安装应符合下列规定：

1 安装前应根据设计线型和已成型管片复核列车行车道板

姿态数据,进行预排版。

2 安装过程中应根据设计线型、施工偏差实时调整姿态。

3 列车行车道板调平后宜采用纵向连接件进行连接。

7.3.6 预制轨道板的施工应符合下列规定:

1 轨道板成品应按规格和批次分别存放,存放区域的基础应坚固平整。

2 施工前应完成线下工程的交接、调线调坡、轨道精测网控制点的设置。

3 铺设前应精准定位预制轨道板布设位置。

4 铺设过程中应进行轨道板精调。

7.3.7 预制行车道板、中隔墙、烟道板、轨道板的制作允许偏差应符合表 7.3.7 的规定。

表 7.3.7 预制行车道板、中隔墙、烟道板、轨道板制作质量检验标准

检查项目	允许偏差	检查数量	检查方法
纵向长度	0,−2 mm	2 点/件	钢尺测量
宽度	±2 mm	3 点/件	钢尺测量
高度	±2 mm	3 点/件	钢尺测量
厚度	±3 mm	3 点/件	钢尺测量
弧、弦长	±2 mm	2 点/件	钢尺测量
表面平整度	2 mm	3 点/件	靠尺、塞尺测量
螺栓孔中心线位置	2 mm	每件	钢尺测量
预埋件中心位置	5 mm	每件	钢尺测量
预埋件表面与混凝土面高差	0,−3 mm	3 点/件	钢尺测量

注:同一类型的构件,不超过 100 个为一批,每批应抽查构件数量的 5%,且不应少于 3 个。

7.3.8 预制中隔墙施工允许偏差应符合表 7.3.8 的规定。

表 7.3.8 预制中隔墙施工质量检验标准

检查项目	允许偏差	检查数量	检查方法
相邻中隔墙墙间间隙	5 mm	全数	钢尺测量
垂直度	5 mm	全数	经纬仪测量
顶部与管片间隙	5 mm	全数	钢尺测量

7.3.9 预制疏散平台施工允许偏差应符合表 7.3.9 的规定。

表 7.3.9 预制疏散平台施工质量检验标准

检查项目	允许偏差	检查数量	检查方法
相邻高差	±5 mm	全数	钢尺测量
平台板纵向间隙	5 mm	全数	钢尺测量
平台宽度	0,−10 mm	全数	钢尺测量
平台面与轨面高差	±5 mm	全数	钢尺测量

7.3.10 预制行车道板施工允许偏差应符合表 7.3.10 的规定。

表 7.3.10 预制行车道板施工质量检验标准

检查项目	允许偏差	检查数量	检查方法
相邻行车道板上下错台	10 mm	全数	钢尺测量
相邻行车道板块间间隙	10 mm	全数	钢尺测量

7.3.11 直线段预制轨道板施工允许偏差应符合表 7.3.11 的规定,曲线段铺设偏差应符合设计要求。

表 7.3.11 预制轨道板施工质量检验标准

	检查项目	允许偏差	检查数量	检查方法
轨道板精调阶段	高程	±1 mm	全数	全站仪测量
	中线位置	1 mm	全数	全站仪测量
	相邻轨道板接缝处承轨台顶面相对高差	0.5 mm	全数	钢尺测量
	相邻轨道板接缝处承轨台顶面横向相对位置	0.5 mm	全数	钢尺测量

续表7.3.11

检查项目		允许偏差	检查数量	检查方法
轨道板精调阶段	相邻轨道板接缝处承轨台顶面纵向相对位置	5 mm	全数	钢尺测量
轨道板下混凝土灌注阶段	高程	±2 mm	全数	全站仪测量
	中线位置	2 mm	全数	全站仪测量
	相邻轨道板接缝处承轨台顶面相对高差	1 mm	全数	钢尺测量
	相邻轨道板接缝处承轨台顶面横向相对位置	1 mm	全数	钢尺测量
	相邻轨道板接缝处承轨台顶面纵向相对位置	10 mm	全数	钢尺测量

8 连续沉井法

8.1 一般规定

8.1.1 本章适用于采用连续沉井法施工的地下车站主体结构,包括沉井段与连接段。

8.1.2 采用连续沉井法施工地下车站,应控制各单体沉井的施工偏差及施工期间对周边环境的影响。

8.1.3 采用连续沉井法施工的地下车站,应根据周围环境条件及表 8.1.3-1 分段划分环境保护等级,相应的地表沉降控制指标应符合表 8.1.3-2 的规定。

表 8.1.3-1 连续沉井法环境保护等级标准

环境保护对象	保护对象与车站主体距离(m)	等级
优秀历史建筑,有精密仪器与设备的厂房,采用天然地基或短桩基础的医院、学校和住宅等重要建筑物,轨道交通设施、隧道、防汛墙、原水管、自来水总管、燃气总管、输油管、共同沟等重要建(构)筑物或设施	$S \leqslant 0.75H$	一级
	$0.75H < S \leqslant 2H$	二级
	$2H < S \leqslant 3H$	三级
较重要的自来水管、燃气管、污水管等市政管线,采用天然地基或短桩基础的建筑物等	$S \leqslant 0.75H$	二级
	$0.75H < S \leqslant 2H$	三级

注:1 H 为沉井的下沉深度(m),S 为保护对象与沉井井壁的净距(m)。
  2 环境保护等级可依据车站各区段周围的不同环境情况分别确定。
  3 位于轨道交通设施、优秀历史建筑、重要管线等环境保护对象周边的沉井工程,应通过专项评估并经相关行政管理部门批准。

表 8.1.3-2 地表沉降控制指标

环境保护等级	地表最大沉降
一级	$\leqslant 0.1\%H$

续表8.1.3-2

环境保护等级	地表最大沉降
二级	$\leqslant 0.2\%H$
三级	$\leqslant 0.5\%H$

8.1.4 采用连续沉井法施工的地下车站,结构净空尺寸应满足建筑限界、施工误差及后期沉降等要求;沉井段与连接段之间不应设置变形缝,主体结构与附属结构之间宜设变形缝。

8.2 设 计

8.2.1 采用连续沉井法施工的地下车站,设计应包括下列内容:
  1 分段布置设计。
  2 建筑布置设计。
  3 结构体系设计。
  4 沉井结构设计与计算。
  5 沉井竖向分节设计。
  6 沉井下沉计算。
  7 沉井封底设计与计算。
  8 沉井间连接段结构设计与计算。
  9 结构抗浮设计。
  10 压沉系统的桩基设计。
  11 施工期间周边环境影响分析。
  12 结构防水设计。

8.2.2 采用连续沉井法施工的地下车站,主体结构分段布置设计应考虑地质条件、车站宽度、底板埋深、施工场地、周边环境等因素,并应符合下列规定:
  1 连续沉井分段数量宜为奇数。
  2 相邻沉井净距不宜小于2 m,各沉井纵向间距宜保持一致。

3 单体沉井长宽比不宜大于 2，高宽比不宜大于 2.5。

4 车站端头井、换乘节点等结构型式变化较大处，应单独作为一个沉井分段。

8.2.3 采用连续沉井法施工的地下车站，主体建筑布置设计除应满足本标准第 6.2.1 条的有关要求外，尚应符合下列规定：

1 车站主体宜采用统一的柱网排列形式，中柱沿纵向对齐。

2 车站范围内线路及各层楼板纵向宜按平坡设计，道床纵向排水沟宜按 2‰设计，站台层结构净高应满足车站道床排水沟的高差需求。

3 建筑设计除应满足客流和设备运行的需求外，尚应考虑沉井结构制作偏差、终沉施工偏差、结构变形等因素的影响。

8.2.4 采用连续沉井法施工的地下车站，主体结构体系宜采用框架结构，结构设计应符合下列规定：

1 车站纵、横向均应布置框架梁；横向框架梁宜沿柱网轴线布置，可采用宽扁梁设计，中板横向框架梁下翻高度尚应满足轨顶风道净空需求。

2 车站底板框架梁宜结合底板下方的贯入墙设置，并与顶板、中板框架梁对齐。

3 底板宜按以井壁、框架梁为支座的多跨连续双向板设计。

4 车站中板由框架梁所围合的临时孔洞，当采用现浇混凝土封堵时，楼板应按双向板设计；当采用预制构件封堵时，楼板应按单向板设计；轨顶风道结构宜与中板整体预制。

5 相邻沉井贯通侧的端封墙、主体与附属连通口处沉井侧墙等临时井壁，宜采用便于拆卸和重复利用的标准化竖列布置预制构件。

6 端头井端墙预留盾构区间洞门处，井壁宜选用钢筋混凝土或钢闷板填充低强度砂浆与井壁同步制作成型。

8.2.5 沉井结构计算应符合下列规定：

1 沉井应根据井壁和框架的结构布置情况采用整体模型计

算；当临时井壁包含可拆卸的预制构件时，应考虑对结构刚度削弱的影响。

2 沉井的水平受力计算应按施工阶段和正常使用阶段分别计算，水、土压力按各工况实际作用情况取值；施工阶段尚应考虑沉井井壁存在偏载情况下的影响。

3 沉井的竖向受力计算应根据其下沉前的支承情况，对井壁自重作用下受力进行强度计算；压入式沉井尚应对压沉系统进行专项设计与计算。

4 与沉井井壁同步施工的底板框架梁应进行下沉阶段的强度验算，梁下地基反力设计值应符合现行上海市工程建设规范《地基基础设计标准》DGJ 08—11 的有关规定。

5 刃脚根部以上高度等于 1.5 倍井壁厚度范围内的井壁，施工阶段除应考虑作用在该段上的水、土压力外，尚应考虑由刃脚传来的水平向剪力。

6 底板与井壁间应根据所设凹槽的构造以及预留钢筋接驳器的情况，确定支座约束为简支、弹性固定或固定。

7 刃脚的强度与内力计算应符合现行上海市工程建设规范《地基基础设计标准》DGJ 08—11 的有关规定。

8.2.6 沉井宜分节接高制作、下沉，接高设计应符合下列规定：

1 竖向分节数量应根据结构规模、层高、下沉深度、地基承载力、施工筹划等因素综合确定，首节高度不宜大于 6 m，其余节高度宜为 5 m～8 m。

2 接高应避开井壁受力最大的位置，并保证水平框架梁及其腋角可同步浇筑。

3 采用分节下沉的沉井，每节井壁上端的环向或水平向钢筋应加强，沉井的竖向框架在沉井下沉前应形成封闭体系。

8.2.7 沉井下沉计算应符合下列规定：

1 沉井下沉过程中井壁侧摩阻力的计算应符合现行上海市工程建设规范《沉井与沉箱施工技术标准》DG/TJ 08—2084 的有

关规定。

2 沉井下沉挖土时,刃脚处宜留有一定高度的土塞,严禁完全掏空刃脚。下沉系数可按下式计算:

$$K_{st} = \frac{G_k + F_p - F_w}{T_f + R_b} \qquad (8.2.7\text{-}1)$$

$$\frac{F_{pmax}}{F_p} \geqslant K_p \qquad (8.2.7\text{-}2)$$

式中:K_{st}——沉井下沉系数,宜取 1.05~1.25;
K_p——压沉安全系数,宜取 1.2;
G_k——下沉过程中沉井结构自重标准值(kN);
F_p——压沉系统作用下外部助沉压力标准值(kN);
F_{pmax}——压沉系统能提供的外部最大助沉压力(kN),根据压沉方式确定;
F_w——沉井下沉过程中地下水浮力标准值(kN);
T_f——沉井井壁摩阻力标准值(kN);
R_b——刃脚、底梁(贯入墙)下地基土反力标准值(kN),可采用地基土极限承载力标准值。

3 当沉井分节制作、下沉时,可按下式进行接高稳定性验算:

$$K_g = \frac{G_g - F_w}{T_f + R_b} \qquad (8.2.7\text{-}3)$$

式中:K_g——沉井接高稳定性系数,应小于 1.0;
G_g——接高后沉井结构自重标准值(kN)。

8.2.8 沉井封底混凝土的设计应符合下列规定:

1 封底混凝土厚度应根据基底反力计算确定,可按下式计算:

$$h_t = \sqrt{\frac{5.72M}{b_0 f_t}} + h_u \qquad (8.2.8)$$

式中:h_t——封底混凝土厚度(mm);

M——计算宽度内最大弯矩设计值(N·mm);

b_0——计算宽度(mm),可取1 000 mm;

f_t——混凝土轴心抗拉强度设计值(N/mm^2);

h_u——封底混凝土附加厚度(mm),可取300 mm~500 mm。

2 封底混凝土厚度应满足抗浮验算的要求,且不宜小于1 500 mm。

3 封底混凝土在井壁、底板框架梁(贯入墙)边缘处的厚度应满足抗冲剪验算要求。

4 封底混凝土浇筑时宜设置拉结钢筋,与沉井底板进行可靠连接;封底混凝土自重宜作为结构抗浮重量的一部分。

8.2.9 连接段结构的设计与计算应符合下列规定:

1 连接段应采用现浇钢筋混凝土结构,与相邻沉井的连接节点按刚性连接设计。

2 连接段结构宜按沿垂直线路方向的箱型框架结构计算,沿线路方向的纵向刚度应能确保相邻沉井不产生影响使用的差异沉降。

3 连接段基坑开挖宜通过地基预加固结合横列板支护,采用无支撑明挖法实施;也可采用板式支护体系,围护结构按明挖顺作法实施;若连接段基底的抗承压水稳定性验算不满足要求,可选用水平封底隔水帷幕或水下开挖等方式。

8.2.10 采用连续沉井法施工的地下车站,抗浮设计应符合下列规定:

1 抗浮设计应按沉井封底、结构贯通、正常使用三个阶段,分别根据其抗浮设防水位进行验算。

2 沉井封底阶段为封底混凝土已达到设计强度且沉井内水体已抽排的工况;应按各单体沉井实际工况分别计算,抗浮安全系数可按下式计算:

$$K_{fs} = \frac{G_{ks} + T_{fs} + F_{pd}}{F_{fs}} \quad (8.2.10\text{-}1)$$

式中：K_{fs}——沉井封底阶段抗浮安全系数，不应小于1.05；

G_{ks}——沉井段结构（包括封底混凝土）自重标准值(kN)；

T_{fs}——沉井段结构井壁提供的抗拔承载力设计值(kN)，应符合现行上海市工程建设规范《地基基础设计标准》DGJ 08—11 的有关规定；

F_{pd}——压沉系统桩基提供的抗拔承载力设计值(kN)，应符合现行上海市工程建设规范《地基基础设计标准》DGJ 08—11 的有关规定；

F_{fs}——沉井段结构基底地下水浮力标准值(kN)。

3 结构贯通阶段为连接段与相邻沉井已实现贯通但顶板尚未覆土的工况；此阶段若连接段底板设置泄水孔，可不作抗浮验算；若不设泄水孔，应将各单体沉井及连接段作为整体进行抗浮验算，抗浮安全系数可按下式计算：

$$K_{ft} = \frac{G_{ks} + G_{kt} + T_{fs} + T_{ft} + F_{pd}}{F_{fs} + F_{ft}} \quad (8.2.10\text{-}2)$$

式中：K_{ft}——结构贯通阶段抗浮安全系数，不应小于1.05；

G_{kt}——连接段结构自重标准值(kN)；

T_{ft}——连接段结构侧墙提供的抗拔承载力设计值(kN)，应符合现行上海市工程建设规范《地基基础设计标准》DGJ 08—11 的有关规定；

F_{ft}——连接段结构基底地下水浮力标准值(kN)。

4 正常使用阶段为各单体沉井及连接段作为整体进行抗浮验算，抗浮安全系数可按下式计算：

$$K_{fu} = \frac{G_{ks} + G_{kt} + G_{kw} + T_{fs} + T_{ft} + F_{pd}}{F_{fs} + F_{ft}}$$

$$(8.2.10\text{-}3)$$

式中：K_{fu}——正常使用阶段抗浮安全系数，不应小于1.1；

G_{kw}——车站主体覆土自重标准值(kN)。

8.2.11 当沉井外侧设置抗拔桩时，可兼作施工阶段压沉加载系统的反力锚固端；桩基设计除应满足正常使用阶段结构抗浮要求外，尚应符合下列规定：

1 桩基应分别按施工阶段和正常使用阶段进行计算，并作包络设计。

2 桩基宜沿井壁外侧均匀、对称布置，为避免受到沉井压沉施工时的扰动影响，桩边至井壁外边缘的净距不宜小于1倍桩径。

3 桩型宜采用灌注桩；桩基应沿桩身通长配筋，纵向主筋应沿桩身周边均匀布置，其净距不应小于60 mm。

8.2.12 单体沉井下沉引起的周边地表沉降可按本标准附录B进行估算。

8.2.13 当土层和周围环境情况较为复杂时，宜采用数值方法分析连续沉井施工对周围环境的影响，数值分析应符合下列规定：

1 应建立包括土体分层情况、沉井结构、周围建(构)筑物在内的有限元模型，根据实际施工步骤模拟沉井下沉及取土顺序，采用合理的计算域及符合实际情况的边界条件，对沉井的下沉进行全过程三维有限元模拟。

2 沉井井壁厚度相较其几何尺寸不可忽略，宜采用实体单元进行模拟，计算参数按实际工程确定。

3 应选择合适的土体本构模型及计算参数，并采用合适的排水条件进行分析；计算参数应结合本构模型的定义、岩土勘察报告提供的相关参数及工程经验综合确定。

4 应在沉井井壁与土体之间设置接触面单元并确定合理的计算参数，宜考虑触变泥浆减阻作用以及沉井与土体之间连续滑动摩擦接触，模拟结构与土体的相互作用。

5 在模拟沉井下沉的过程前，应先模拟车站周围既有建

（构）筑物对初始地应力场的影响。

8.2.14 采用连续沉井法施工的地下车站，结构防水设计应符合下列规定：

1 沉井段井壁外侧防水层可选用喷涂聚脲或水泥基渗透结晶等防水涂料。

2 当连接段围护采用横列板支护形式时，可将横列板钢结构的接缝进行水密焊接，作为连接段井壁外侧防水层。

3 沉井段封底混凝土上表面防水层宜采用水泥基渗透结晶防水涂料。

4 连接段底板防水层宜选用高分子自粘胶膜防水卷材或丙烯酸盐喷膜防水涂料。

5 沉井上、下节分缝以及沉井段和连接段的施工缝应设置中埋式止水带、钢板止水带、预埋式注浆管等防水措施。

6 不同类型的防水层搭接处应采取可靠措施保证接缝防水效果。

8.3 施工与检测

8.3.1 采用连续沉井法施工的地下车站，主体结构施工方案应包括下列内容：

1 确定沉井段和连接段总体实施顺序。

2 桩基施工。

3 表层基槽开挖。

4 垫层施工。

5 沉井结构制作。

6 压沉系统安装。

7 沉井下沉及土方开挖。

8 沉井封底。

9 连接段施工。

10 车站内部结构施工。

8.3.2 采用连续沉井法施工的地下车站,各单体沉井的施工顺序应根据设计要求、施工筹划、现场条件、周边环境影响等因素综合确定,可按照下列顺序施工:

1 同步施工奇数编号的沉井。

2 同步施工偶数编号的沉井。

3 施工各相邻沉井之间的连接段,实现结构贯通。

4 补全楼板结构并完成顶板防水,覆土回填至设计地面标高。

8.3.3 表层基槽开挖宽度、深度应满足沉井垫层施工要求,基槽边坡宜采用钢筋混凝土护坡措施。

8.3.4 沉井砂垫层、素混凝土垫层的厚度应根据沉井规模、结构自重以及地基土的承载力计算确定,其计算方法、构造要求以及施工技术要求应符合现行上海市工程建设规范《沉井与沉箱施工技术标准》DG/TJ 08—2084 的有关规定。

8.3.5 沉井结构制作应符合下列规定:

1 随沉井同步下沉的纵、横向框架梁及井壁上预留的各层楼板(梁)钢筋、隔墙钢筋,均应采用预留钢筋接驳器型式。

2 沉井井壁预留的洞口处,可拆卸的预制构件与井壁衔接界面应采取可靠的止水措施。

3 端头井沉井制作时,端墙应按盾构区间工程要求预埋钢环。

4 沉井接高部分的模板支架方案除应具有足够的承载力、刚度、保证其整体稳定性外,尚应考虑不排水下沉时井内水位的影响。

5 分节制作的沉井下沉前应确保首节沉井混凝土达到设计强度,其余各节沉井混凝土不得小于设计强度的75%。

8.3.6 沉井压入式下沉工艺所需压沉系统由穿心千斤顶、承压钢牛腿、传力钢绞线、反力地锚、数字化加载系统等组成,应符合下列规定:

1 承压钢牛腿通过螺栓或焊接安装于井壁顶部,当沉井需要分节下沉时,每次下沉前承压钢牛腿需调整安装至该次下沉节段的井壁顶部。

2 传力钢绞线上、下两端需分别与穿心千斤顶、反力地锚可靠连接,其材料强度及规格应满足设计提供的最大加载量要求,施工期间传力钢绞线宜设置波纹管予以安全防护。

3 数字化加载系统应基于沉井实测姿态数据,具备对各压沉加载点动态施加适当下压力的要求。

8.3.7 沉井下沉及土方开挖应符合下列规定:

1 当沉井自重存在显著偏载时,施工单位应在沉井下沉前采用沙袋或砌砖方式补足轻载侧井壁缺失自重。

2 凿除混凝土垫层时,应先内后外、分区域对称凿除,凿断线应与刃脚底边平齐;凿除的混凝土垫层应立即清除,并用砂或砂夹碎石回填空穴;混凝土的定位支点处应最后凿除,不得漏凿。

3 压沉系统在各加载点处的下压力应根据沉井下沉姿态、速度、环境影响等进行实时调整。

4 土方开挖宜采用智能取土机器人进行水下机械挖土,对于局部挖土空间过小的部位,可辅以空气吸泥等取土措施。

5 下沉过程中应分层、均匀、对称进行挖土作业,下沉系数较大时应先挖中间部分,保留刃脚周围土体。

6 下沉纠偏宜采取局部加大顶进压力的措施,并辅以挖土纠偏及减阻纠偏。

7 下沉穿越土层较硬时,宜在井壁预留注浆管,采用触变泥浆助沉措施;沉井下沉到设计标高后,泥浆套应按设计要求处理,宜选用水泥浆或水泥砂浆置换触变泥浆。

8 沉井在下沉到邻近设计标高时,应控制高差及下沉速度,下沉深度距设计标高宜预留 30 mm～100 mm 的余量。

8.3.8 沉井封底施工应符合下列规定:

1 沉井下沉至设计标高后,8 h 的累计自沉量不大于 10 mm 方可进行封底。

2 当封底混凝土自重作为结构抗浮重量的一部分时,封底混凝土与底板之间的拉结钢筋应在混凝土浇筑前固定于井内设计指定深度处;待封底混凝土达到设计强度、井内水体抽干后,封底混凝土表面做凿毛处理,凹凸面宜不小于 4 mm。

3 当封底混凝土在井壁、底板框架梁等边缘处存在渗漏情况时,应先进行堵漏,再进行底板施工。

4 当车站基底有综合接地网预埋需求时,接地网金属条应在沉井锅底土层修整完毕后下沉至井底工作面,并预留足够的接地绝缘引出棒长度,引出棒应设置止水环。

8.3.9 连接段结构贯通施工应符合下列规定:

1 贯通范围内可拆卸的预制构件通过割除端部固定措施进行拆解移除,应采取可靠措施避免预制构件直接倒伏在既有楼板上。

2 贯通范围内的现浇钢筋混凝土结构宜采用绳锯切割的方式破除。

8.3.10 沉井结构的制作允许偏差应符合表 8.3.10 的规定。

表 8.3.10 沉井结构制作质量检验标准

检查项目	允许偏差	检查数量	检查方法
长度	$\pm L_1/200$ 且$\leqslant\pm 100$ mm	2 点/边	钢尺测量
宽度	$\pm B_1/200$ 且$\leqslant\pm 50$ mm	2 点/边	钢尺测量
高度	± 30 mm	3 点/边	钢尺测量
井壁、隔墙厚度	± 15 mm	3 点/边	钢尺测量
对角线长度	$\pm L_2/200$ 且$\leqslant\pm 100$ mm	2 点/面	钢尺测量
井壁、隔墙垂直度	$H_1/1000$	3 点/边	经纬仪测量
预埋件中心位置	20 mm	每件	钢尺测量
预留孔洞中心位置	20 mm	每孔	钢尺测量

注:L_1 为沉井长度(mm);B_1 为沉井宽度(mm);L_2 为沉井对角线长度(mm);H_1 为沉井井壁、隔墙的高度(mm)。

8.3.11 沉井终沉后的施工允许偏差应符合表 8.3.11 的规定。

表 8.3.11 沉井终沉后施工检验标准

检查项目	允许偏差	检查数量	检查方法
刃脚平均标高	±50 mm	4 点/个	水准仪测量
四角中任何两角高差	$L_3/200$ 且≤50 mm	1 点/边	水准仪测量
刃脚中心线平面偏差	$H_2/200$ 且≤50 mm	2 点/角	经纬仪测量

注:L_3 为沉井任意两角的距离(mm);H_2 为下沉深度(mm)。

9 矩形顶管法

9.1 一般规定

9.1.1 本章适用于采用矩形顶管法施工的地下车站主体结构以及附属结构的出入口通道。

9.1.2 矩形顶管工程应结合工程地质、水文地质、周边环境和线位条件,选择合理的施工设备和工艺,满足结构承载力、变形和环境影响控制等要求。

9.1.3 矩形顶管的净空尺寸应符合限界及使用功能的要求,并应计入施工误差、结构变形和位移等影响。

9.2 设 计

9.2.1 采用矩形顶管法施工的地下车站,设计应包括下列内容:
 1 建筑布置设计。
 2 矩形顶管的线位设计。
 3 矩形顶管的覆土厚度要求。
 4 矩形顶管的管节材质选择。
 5 管节结构设计计算。
 6 管节环宽设计。
 7 矩形顶管的顶力及后靠设计。
 8 矩形顶管进出洞处的土体加固设计。
 9 工作井设计。
 10 矩形顶管施工的环境影响预测分析。
 11 结构防水设计。

9.2.2 采用矩形顶管法施工的地下车站,建筑布置设计应符合下列规定:

1 顶管段的纵向长度应符合消防疏散要求。

2 顶管段站台层宜采用分离岛式站型,在平行设置的上、下行线站台层顶管之间,应根据客流仿真结果设置横向联络通道。

3 顶管段站厅层宜保证非付费区连通,并兼顾交叉路口的人行地下过街功能。

4 顶管的建筑净空断面尺寸应包含客流通行、设备安装和检修、装饰装修、施工误差等所需空间;当车站站台层采用矩形顶管时,尚应满足轨道交通列车运行的要求。

5 当矩形顶管采用钢管节时,宜设置钢筋混凝土内衬并满足防水、防火及耐腐蚀性要求。

9.2.3 矩形顶管的线位设计应符合下列规定:

1 矩形顶管宜采用直线敷设形式。

2 当用于车站主体结构时,纵向坡度不宜大于0.2%;当用于车站出入口通道时,纵向坡度不宜大于3%。

3 顶管轴线宜与工作井端面垂直;条件困难时,轴线与端面法线的夹角不应大于2°。

4 顶管与既有相邻管线的最小净距不宜小于1倍管线外径,且不宜小于1 m。

5 互相平行的顶管水平净距应根据土层性质、顶管宽度、埋置深度、环境保护要求等因素综合确定,且不宜小于2 m。

6 顶管穿越城市轨道交通、铁路、公路、堤坝或其他重要设施时,宜垂直穿越并应符合相关技术安全规定。

9.2.4 矩形顶管的覆土厚度应根据工程地质条件、顶管结构断面尺寸、环境保护要求以及结构抗浮综合确定,并应符合下列规定:

1 不宜小于0.6倍顶管管节高度,且不宜小于3.5 m。

2 当矩形顶管下穿河道时,应考虑河道演变的冲刷、淤积以及人工疏浚施工的影响。

3 当矩形顶管下穿通航河段时,应满足通航安全要求。

9.2.5 当矩形顶管用于地下车站主体时,宜选用钢管节或复合管节;当建设场地宽裕及运输条件良好时,也可选用钢筋混凝土管节或钢纤维混凝土管节;当矩形顶管用于出入口通道时,宜采用钢筋混凝土管节。

9.2.6 作用在矩形顶管结构上的水土压力应符合下列规定:

1 浅埋矩形顶管结构所受的竖向压力,应按全部土柱重量计算。

2 较深覆土或断面尺寸较大的顶管结构所受竖向压力,宜考虑土拱作用引起的竖向土压力的非均匀分布。

3 当顶管结构侧向位移较大时,应考虑地层水平抗力。

9.2.7 矩形顶管管节宜采用平面框架模型计算内力与变形;当采用钢管节时,尚应进行最不利顶进作用下的屈曲分析。

9.2.8 矩形顶管管节环宽应根据结构尺寸、构件重量、吊装运输、结构防水、工程经济等因素综合确定,宜为1.5 m～2.5 m。

9.2.9 矩形顶管的顶推力应根据管节结构、工作井反力墙结构的允许最大荷载、顶推设备能力、施工技术措施等因素进行计算。最大顶推力应大于顶推阻力,但不得超过顶管管节或工作井反力墙的允许顶推力。

9.2.10 矩形顶管的顶推阻力可按下列公式计算:

$$F_0 = F_f + N_f \quad (9.2.10\text{-}1)$$

$$F_f = C_d L_d f_k \quad (9.2.10\text{-}2)$$

当土体为黏性土时:

$$N_f = K_a \gamma H_s A_m \quad (9.2.10\text{-}3)$$

当土体为砂性土或粉性土时:

$$N_f = (K_a \gamma' H_s + \gamma_w H_w) A_m \quad (9.2.10\text{-}4)$$

式中：F_0——矩形顶管顶推阻力标准值(kN)；

F_f——矩形顶管摩阻力标准值(kN)；

N_f——矩形顶管机迎面阻力标准值(kN)；

C_d——顶管管节外轮廓周长(m)；

L_d——矩形顶管设计顶进长度(m)；

f_k——矩形顶管管节外壁与土之间的平均摩阻力标准值(kN/m^2)，宜结合现场条件与施工经验取值，当采用触变泥浆减阻技术时，应符合现行上海市工程建设规范《地基基础设计标准》DGJ 08—11 的有关规定；

K_a——主动土压力系数；

H_s——顶管机截面中心至地面的覆土厚度(m)；

γ——土的天然重度(kN/m^3)；

γ'——土的有效重度(kN/m^3)；

γ_w——地下水的重度(kN/m^3)；

H_w——顶管机截面中心至地下水位线的高度(m)；

A_m——顶管机截面面积(m^2)。

9.2.11 矩形顶管始发、接收的土体加固设计应符合下列规定：

1 加固范围应满足顶管始发、接收时洞门外侧土体稳定和安全的要求，并结合地质条件、顶管机型、管节尺寸、顶进方向、覆土厚度、周边环境等情况综合确定。

2 加固方式应根据施工场地、地质条件、周边环境等情况确定，可选用水泥土搅拌桩、高压旋喷桩、水平冻结法等一种或几种组合方式。

3 始发井的洞门止水装置应根据工作井结构形式、埋深、地质条件等情况确定，可选用止水橡胶帘布、钢丝刷并压注油脂等措施。

4 当顶管接收位于含承压水的砂性土层且周边环境保护要求高时，可选用泡沫混凝土或钢套筒等辅助进洞措施。

9.2.12 矩形顶管工作井尺寸要求应符合下列规定：

1 始发井的最小内净长度可按下式计算：

$$L_s = l_1 + l_2 + l_k \qquad (9.2.12\text{-}1)$$

式中：L_s——顶管始发井最小内净长度(m)；

l_1——顶管最小吊装长度，取矩形顶管机下井时最小长度与管节安装长度+0.5 m 两者中的大值(m)；

l_2——千斤顶长度(m)，可取 2.5 m；

l_k——后靠、顶铁厚度及安装富余量，可取 2 m。

2 始发井的最小内净宽度可按下式计算：

$$B_s = b_1 + 2b_s \qquad (9.2.12\text{-}2)$$

式中：B_s——顶管始发井最小内净宽度(m)；

b_1——矩形顶管管节外边宽度(m)；

b_s——管节侧面施工操作空间(m)，可取 0.8 m～1.5 m，工作井埋深较浅时取小值，较深时取大值。

3 始发井的最小底板面深度可按下式计算：

$$H_d = H_t + H_1 + h_s \qquad (9.2.12\text{-}3)$$

式中：H_d——顶管始发井底板面最小深度(m)；

H_t——矩形顶管顶至地面的覆土厚度(m)；

H_1——矩形顶管管节外边高度(m)；

h_s——管节底部施工操作空间(m)，钢管节、复合管节可取 0.7 m～1.0 m，钢筋混凝土管节可取 0.4 m～0.5 m。

4 接收井的尺寸应满足管节连接的工艺要求及顶管机在井内接收、拆解和吊出的要求。

9.2.13 矩形顶管管节防水设计应符合下列规定：

1 管节接头宜采用 F 形钢承口形式，接口内宜设置橡胶密封垫和聚氨酯密封胶防水装置；当顶管穿越砂性土层且周边环境保护要求高时，宜采用双道橡胶密封垫加强防水。

2 橡胶密封垫应具有良好的密封性能，在结构最大允许变形以及长期设计水压作用下,接头不应渗漏。

3 管节钢承口应根据所处环境喷涂防腐蚀涂料。

9.2.14 单一矩形顶管顶进施工引起的地表沉降,可采用本标准附录 C 的经验方法预估。

9.2.15 当土层和周围环境较为复杂或多个矩形顶管顶进时,宜采用数值方法分析顶管施工对周围环境的影响,并符合下列规定:

1 应建立包括土体分层情况、顶管结构、周围建筑(构)筑物在内的有限元模型,采用合理的计算域、单元尺寸及符合实际情况的边界条件和施工步骤,对顶管施工进行全过程三维有限元模拟。

2 应选择合适的土体本构模型及计算参数,并采用合适的排水条件进行分析;计算参数应结合本构模型的定义、岩土勘察报告提供的相关参数及工程经验综合确定。

3 应在顶管结构与土体之间设置接触面并确定合理的计算参数,宜考虑触变泥浆减阻作用以及顶管与土体之间连续滑动摩擦接触,模拟顶管与土体的相互作用。

4 在模拟顶管的顶进过程前,应先模拟顶管周围既有建(构)筑物对初始地应力场的影响。

9.3 施工与检测

9.3.1 采用矩形顶管法施工的地下车站,顶管段施工方案应包括下列内容:

1 沿线环境调查。

2 顶管机选型。

3 顶管管节制作及运输。

4 顶管顶进施工。

5 顶管管节吊装及装配。

6 混凝土内衬施工(采用钢顶管时)。

9.3.2 矩形顶管法工程施工前,应查明沿线建(构)筑物、地下管线和地下障碍物等周边环境情况。

9.3.3 矩形顶管机的选型应符合下列规定:

1 应根据顶管穿越土层的工程地质和水文地质条件、施工环境和保护要求、开挖面稳定性、埋深等因素,结合工程经验,综合确定采用土压平衡或泥水平衡顶管机。

2 刀盘的形式、尺寸、开孔率、切削率、搅拌率应满足开挖面及工程条件要求,刀盘切削率不应低于90%,环境保护要求严格时宜为100%。

3 顶推系统应根据推进阻力的总和及所需的安全系数确定,油缸的行程应满足管节安装的需要。

4 排渣系统应根据工程地质和水文地质条件、顶管机尺寸和掘进速度等条件确定;当富水地层选用螺旋输送机出渣时,宜配置双闸门。

5 土体改良系统应与地质条件相适应,黏土、粉土地层应配置泡沫改良系统;砂土地层应配置膨润土改良系统。

9.3.4 当矩形顶管管节需分块制作和运输时,应符合下列规定:

1 混凝土管节制作时应连续浇筑,浇筑时不得扰动预埋件;应根据生产条件选择适当的振捣方式,宜采用强制式搅拌机搅拌。

2 管节宜采用蒸汽养护;管节脱模时,混凝土强度不宜低于设计强度的75%。

3 当选用钢管节时,分块纵缝应采用等强度焊接方式;当选用钢筋混凝土管节时,分块纵缝可选用干式连接、湿式连接、预埋件焊接等方式。

4 堆放场地应坚实平整,管节宜采用立式堆放,受力均匀,底部与地面间、管节与管节间应支设柔性衬垫,堆放层数不应超过2层。

5 管节运输应评估运输条件,并符合当地交通管理部门的有关规定。

9.3.5 矩形顶管的顶进施工应符合下列规定：

1 当矩形顶管机初始顶进时，支座两侧应配备控制顶管机偏移的限位导向装置。

2 顶推过程中应遵循"勤测量、勤纠偏、微纠偏"的原则，控制矩形顶管机的顶推方向和姿态。

3 加接管节时主推油缸在缩回前对已掘进的管节应采取止退措施；对环境保护要求高的工程，宜采用自补偿止退工艺，控制加接管节阶段的顶管机后退。

4 矩形顶管机可选取改变刀盘转动方向、使用平衡翼、铰接油缸纠偏、注浆纠编等措施控制侧转。

5 矩形顶管机穿越始发及接收加固区时，宜匀速顶推，掘进速度宜控制在 2 mm/min～3 mm/min；正常掘进时，掘进速度宜控制在 10 mm/min～20 mm/min；掘进时应不断调整施工参数，确定掘进速度、顶推力、水土压力、出渣量的最佳匹配值。

6 顶管顶进过程中应同步向管外壁注入减阻泥浆，并根据泥浆的损失适当补充注浆；当环境保护要求高且减阻需求大时，宜采用自凝式泥浆。

7 顶管贯通后应置换减阻泥浆，置换材料可选用水泥单液浆或双液浆。

8 顶管顶进结束后，顶管与洞门的间隙应及时封堵，封堵结构应牢固可靠，不得渗漏。

9.3.6 矩形顶管管节的吊装及装配施工应符合下列规定：

1 管节应采用专用吊具进行吊装，吊装前应检查吊具插销固定、钢丝绳完好情况；吊装时应控制吊装速度，并采取防止管节碰伤的措施。

2 管节承插前应使用胶粘剂将橡胶密封垫正确固定在槽内；承插时受力应均匀，承插后橡胶垫不应移位和反转。

3 管节与钢套环间形成的嵌缝槽应采用聚氨酯密封胶

嵌注。

4 管节承插完成后,应先将管节接缝清洗、干燥,再采用弹性密封填料对管节接缝进行嵌缝。

9.3.7 当矩形顶管管节采用钢管节时,混凝土内衬施工应符合下列规定:

1 应按底板、侧墙、拱顶分段浇筑,并采用专门工作台车和模板台车进行拱顶钢筋绑扎和模板安装。

2 宜采用自密实混凝土,一次浇筑最大水平距离应根据施工部位具体要求确定,且不宜超过 7 m。

3 钢管节的肋板应设置有浇捣孔,便于混凝土浇筑;拱顶应预留排气措施,确保顶部混凝土密实度。

4 设备支吊架与顶管管节应通过焊接在钢管节上的预埋件相连接,不得对钢管节内部的后浇混凝土衬砌进行植筋、局部凿除等施工行为。

9.3.8 矩形顶管施工应根据设计要求、工程特点及有关规定,对沿线影响范围内的地表、邻近建(构)筑物及地下管线设置观测点进行监测,监测信息应及时反馈,发现问题及时处理。

9.3.9 钢筋混凝土管节的制作允许偏差应符合表 9.3.9 的规定。

表 9.3.9 钢筋混凝土管节制作质量检验标准

检查项目	允许偏差	检查数量	检查方法
接口对角线差	2 mm	2点/面	钢尺测量
宽度方向弯曲度	$B/750$ 且 $\leqslant 10$ mm	2点/边	拉线、钢尺测量
高度方向弯曲度	$H/750$ 且 $\leqslant 10$ mm	2点/边	拉线、钢尺测量
端面平整度	5 mm	3点/边	靠尺、塞尺测量
管节内宽	±5 mm	3点/边	钢尺测量
管节内高	±5 mm	3点/边	钢尺测量
管节壁厚	±5 mm	3点/边	钢尺测量

续表9.3.9

检查项目	允许偏差	检查数量	检查方法
管节长度	−5 mm，+10 mm	2点/边	钢尺测量
预埋件中心位置	5 mm	每件	钢尺测量
预埋孔中心位置	5 mm	每边	钢尺测量
钢承口尺寸	±2 mm	每件	钢尺测量

注：B 为管节外壁宽度(mm)；H 为管节外壁高度(mm)。

9.3.10 钢管节的制作允许偏差应符合表9.3.10的规定。

表 9.3.10　钢管节制作质量检验标准

检查项目		允许偏差		检查数量	检查方法
管节内宽		±5 mm		3点/边	钢尺测量
管节内高		±5 mm		3点/边	钢尺测量
管节壁厚		±1 mm		3点/边	钢尺测量
端面平整度		1.5 mm		3点/边	靠尺、塞尺测量
管节长度		±10 mm		2点/边	钢尺测量
转角处弧度		±2 mm		每边	弧形板测量
焊接质量	咬边	深度	0.5 mm	全数	焊缝检验尺测量
焊接质量	咬边	长度	100 mm	全数	焊缝检验尺测量
焊接质量	表面余高		4 mm	全数	焊缝检验尺测量
焊接质量	相邻管节错位		2 mm	全数	钢尺测量
焊接质量	纵缝间隙		−2 mm，+1 mm	全数	钢尺测量

9.3.11 矩形顶管顶进施工的允许偏差应符合表9.3.11的规定。

表 9.3.11　矩形顶管顶进施工检验标准

检查项目	顶推长度 L			检查数量	检查方法
	<100 m	100 m≤L≤200 m	>200 m		
高程	±40 mm	±80 mm	±80 mm	全数	全站仪测量

续表9.3.11

检查项目	顶推长度 L			检查数量	检查方法
	<100 m	100 m≤L≤200 m	>200 m		
平面	±50 mm	±100 mm	±150 mm	全数	全站仪测量
管节旋转	±50 mm	±80 mm	±80 mm	全数	全站仪测量

9.3.12 矩形顶管的管节接口允许偏差应符合表9.3.12的规定。

表9.3.12 矩形顶管管节接口施工检验标准

检查项目		允许偏差	检查数量	检查方法
相邻管间错台	上下错台	$H/200$ 且≤10 mm	全数	钢尺测量
	左右错台	$B/200$ 且≤20 mm	全数	钢尺测量

10 束合式结构

10.1 一般规定

10.1.1 本章适用于采用束合式结构的地下车站主体结构以及附属结构的出入口通道。

10.1.2 采用束合式结构工法的地下结构纵向长度不宜大于100 m。

10.1.3 束合式结构的净空尺寸除应满足建筑限界和使用要求外,尚应考虑施工工艺、测量误差、施工误差、后期沉降等影响,并预留适当的结构变形量。

10.2 设 计

10.2.1 采用束合式结构的地下车站,设计应包括下列内容:
 1 建筑布置设计。
 2 钢管线位设计。
 3 束合式结构设计。
 4 钢管结构设计。
 5 预应力束设计。
 6 工作井设计。
 7 结构防水设计。

10.2.2 采用束合式结构的地下车站,建筑布置设计应符合下列规定:
 1 束合式结构段建筑净空应包含客流通行、列车运行、设备安装和检修、装饰装修、施工误差等所需空间。

2 束合式结构段站厅层宜保证非付费区连通；当采用拱形断面时，站厅两侧拱脚处通道净高不应小于 2.4 m。

　　3 当束合式结构段位于车站公共区时，站厅、站台可直接连通。

10.2.3 束合式结构的线位设计应符合下列规定：

　　1 束合式结构段应采用直线敷设形式。

　　2 当用于车站主体结构时，纵向坡度不宜大于 0.2%；当用于车站出入口通道时，纵向坡度不宜大于 1%。

　　3 矩形钢管轴线宜与工作井端面垂直，条件困难时，轴线与端面法线的夹角不应大于 2°。

　　4 矩形钢管与既有相邻管线的最小净距不宜小于 1 倍管线外径，且不宜小于 1 m。

　　5 矩形钢管顶部的覆土厚度不宜小于 1 倍钢管高度，且不应小于 1 m。

　　6 当穿越城市轨道交通、铁路、公路、堤坝或其他重要设施时，宜垂直穿越并应符合相关技术安全规定。

10.2.4 束合式结构计算应符合下列规定：

　　1 结构计算宜沿车站纵向取单位长度按平面框架进行分析，并按施工工艺要求及受力条件确定相应的计算工况。

　　2 束合式结构可按计入预应力作用的弹性匀质模型考虑。

　　3 应按施工阶段和正常使用阶段分别进行结构截面、接头强度、管间结合缝、预应力束的承载能力极限状态计算及整体结构正常使用极限状态计算。

10.2.5 矩形钢管结构设计应符合下列规定：

　　1 矩形钢管的顶进顺序应根据工程地质、环境保护要求、钢管先后顶进的附加影响及钢管顶进累计误差封闭等因素综合确定，宜自上而下分层顶进。

　　2 矩形钢管的受弯、受剪承载力计算应符合现行国家标准《钢结构设计标准》GB 50017 的有关规定，内部充填混凝土后应按钢管混凝土结构计算。

  3 矩形钢管应根据场地环境条件、耐久性要求等因素采取防腐措施,砂性地层宜在钢管外表面设置耐磨涂层。

  4 应根据工程地质、埋深、顶进长度等因素综合确定钢管截面形状,宜采用方形钢管,宽度不宜小于 1 m,壁厚不宜小于 10 mm;矩形钢管兼作工具管时,应满足管内施工操作空间要求,宽度不宜小于 1.2 m。

  5 工具管的位置应根据预应力束张拉施工、结构受力等因素综合确定,可选用内置式或外置式工具管。

  6 矩形钢管侧壁应预留预应力束穿孔;工具管预应力束锚具处应加焊加劲板,加劲板厚度不宜小于 10 mm。

  7 矩形钢管间的净距应根据地层情况、顶进距离、施工工艺等因素综合确定,且不宜大于 150 mm;矩形钢管之间应采用锁扣连接。

10.2.6 预应力束设计应符合下列规定:

  1 预应力束的布置方式应根据结构受力、施工工艺及材料经济性等因素综合确定。

  2 预应力配束的纵向间距应满足锚具安装、工具管内施工空间等要求,纵向间距不宜小于 500 mm。

  3 预应力束横向张拉应根据"对称平衡、逐级到位"的原则进行,首次张拉比例不宜大于 15%。

10.2.7 束合式结构工作井设计应符合下列规定:

  1 工作井长度应满足矩形钢管吊装、顶进作业的要求,内净长度不宜小于 8 m;工作井宽度、深度应根据管节外边宽度和操作空间等因素综合确定,内净宽度宜比结构外轮廓线宽不小于 1.5 m,底板面深度宜比结构外轮廓线深不小于 1.0 m。

  2 反力墙能承受主顶工作站液压缸的最大反作用力,反力墙应垂直于顶管轴线且表面平直,垂直度允许误差不应大于 1/200。

3 工作井围护结构应根据工程地质、水文地质、基坑深度等因素综合确定,宜选择便于钢管顶进和洞门拆除的结构形式。

　　4 顶管进出洞土体加固方式应根据地层情况、场地条件等综合确定,可选用水泥土搅拌桩、高压旋喷桩、水平冻结法等加固措施。

10.2.8 束合式结构的防水设计应符合下列规定:

　　1 当设置钢筋混凝土内衬时,防水混凝土结构厚度不宜小于 250 mm。

　　2 钢管锁扣空隙内应充填油脂密封止水,并应采取措施防止油脂溢出。

　　3 当环境保护要求高时,可在锁扣连接外侧预埋注浆管补偿注浆。

　　4 矩形钢管内、外壁均应做防腐蚀处理;外壁防腐宜采用环氧类涂料,内壁防腐宜采用水性涂料。

10.3 施工与检测

10.3.1 采用束合式结构的地下车站,施工方案应包括下列内容:

　　1 沿线环境调查。

　　2 矩形钢管顶管机选型。

　　3 矩形钢管进出洞加固。

　　4 矩形钢管施工。

　　5 混凝土浇筑。

　　6 预应力张拉。

　　7 土方开挖。

10.3.2 矩形钢管顶管机选型应根据地层条件、顶进长度、覆土深度、顶进力等因素综合确定,并符合下列规定:

　　1 黏性土层中宜选用土压平衡式顶管机,粉性、砂性土层中宜选用泥水平衡式顶管机。

 2 宜选用高切削率的顶管机。

 3 顶管机应具有纠偏、注浆等功能以及具备适应环境的清障功能。

 4 主顶装置宜具备角度调节、止退止转、纠偏测量、集成油缸等功能。

 5 千斤顶的顶力、行程应满足顶管需要，使用前应进行标定。

10.3.3 矩形钢管的施工应符合下列规定：

 1 矩形钢管的管节长度应满足在工作井内吊放、安装的要求，每节矩形钢管长度宜为 3 m～5 m。

 2 洞门宜安装钢丝刷和多道橡胶袜套组合式的止水装置，并预留注浆管。

 3 顶管始发、接收凿除门洞前应开样洞验证止水效果。

 4 钢管应采用焊接连接，相邻钢管焊接接头的错缝距离不应小于 1 m。

 5 矩形钢管侧面应设置两道连接锁扣，并预留穿束孔、注浆孔和检测孔。

 6 矩形钢管顶进时，宜在顶管机上安装装配式刮刀对连接锁扣间的余土进行清除，并在钢管内混凝土填充前清理渣土。

 7 首根钢管应定位准确，顶进过程中应控制顶管掘进姿态和掘进速度，根据监测数据及时调整掘进参数并及时纠偏。

 8 闭合钢管的连接锁扣尺寸应根据推进完成后测量结果确定。

10.3.4 混凝土浇筑应符合下列规定：

 1 矩形钢管内及钢管间混凝土宜采用自密实混凝土，混凝土配合比、原材料应符合设计规定。

 2 矩形钢管内的混凝土应按照先中间管、后工具管的顺序进行浇筑。

3 长距离钢管混凝土宜分段、加压浇筑,浇筑前应在断面内设置浇筑管、排气孔和检测孔。

10.3.5 预应力张拉应符合下列规定:

1 张拉千斤顶、锚具型号应根据工具管操作空间、搬运条件等综合确定,其性能应符合现行国家标准《预应力筋用锚具、夹具和连接器》GB/T 14370 的有关规定。

2 锚具宜选用低回缩锚具;混凝土强度达到设计要求后,方可进行预应力筋张拉并锚固。

3 预应力束应保持对称、平衡、逐级张拉,避免由于单侧张拉而导致偏载;张拉要求应符合现行行业标准《预应力混凝土结构设计规范》JGJ 369 的有关规定。

10.3.6 束合式结构的洞室内土方开挖应符合下列规定:

1 土方开挖应在混凝土强度达到设计要求、预应力张拉完成后进行。

2 应按分层、分段、对称、均衡、适时的原则开挖,严禁掏挖、超挖;当结构高度大于 3 m 时,宜采用台阶法开挖,台阶长度应根据地层条件、开挖宽度及时调整。

3 开挖时挖土机械不得碰撞或损害矩形钢管,靠近矩形钢管处应预留 0.5 m 厚土层采用人工开挖。

4 开挖过程中遇层间滞水或其他地下水渗漏情况时,应及时进行疏排、注浆堵漏后方可继续开挖。

5 结构顶部施工材料、设施或车辆荷载严禁超过设计要求的地面荷载限值。

10.3.7 施工期间应对场区影响范围内地表、邻近建(构)筑物、管线等工程环境进行监测;对重要或有特殊保护要求的对象,尚应采取必要的安全保护措施。

10.3.8 钢管顶进、焊接及管内混凝土浇筑期间应进行有害气体检测;施工作业时,管内应提前通风,保证管内良好的施工环境。通风过程中,应定期巡检通风设施;若有损坏,应及时修理或更换。

10.3.9 束合式结构的施工允许偏差应符合表10.3.9的规定。

表10.3.9 束合式结构施工检验标准

检查项目		允许偏差	检验数量	检验方法
管节制作	高度	±5 mm	全数	钢尺测量
	宽度	±3 mm	全数	钢尺测量
	壁厚	−0.5 mm,0 mm	全数	钢尺测量
	单根长度	±10 mm	全数	钢尺测量
	直线度	$L/1\,000$	全数	钢尺测量
钢管顶进	平面	±50 mm	全数	全站仪测量
	高程	−40 mm,+30 mm	全数	全站仪测量
锁扣系统	翼缘厚度	±0.5 mm	全数	钢尺测量
	翼缘宽度	±1 mm	全数	钢尺测量
	T型高度	−1 mm,+2 mm	全数	钢尺测量
	腹板厚度	±0.5 mm	全数	钢尺测量
	位置偏差	±3 mm	全数	钢尺测量
内部钢板、空隙	厚度	±0.5 mm	全数	钢尺测量
	宽度	0,+2 mm	全数	钢尺测量
	空隙垂直公差	0,+5 mm	全数	钢尺测量
	空隙宽度	±5 mm	全数	钢尺测量

注:L 为管节单根长度(mm)。

11 信息化

11.0.1 轨道交通地下工程预制装配式结构应建立全寿命期的信息化管理系统,包括设计信息、生产制作信息、施工安装信息、运营维护信息等。

11.0.2 建筑信息模型(BIM)应用阶段可划分为设计阶段、施工阶段、运维阶段。各阶段模型的信息深度应符合现行上海市工程建设规范《城市轨道交通信息模型技术标准》DG/TJ 08—2202 的有关规定。

11.0.3 预制构件信息模型应在设计、构件生产、施工安装、竣工验收、运维等各阶段建立统一协同工作平台,应采用统一标识和规则、共享模型数据,实现数字化成果交付。

11.0.4 预制构件建筑信息模型的存储和维护应符合各专业和不同软件间的数据交换要求,确保模型数据的兼容性。

11.0.5 建筑信息模型创建、使用和管理过程中,应采取措施保证信息和数据的安全及可追溯性。

11.0.6 预制构件的模型质量控制措施应包括下列内容:

1 模型与工程项目的符合性检查。

2 不同模型元素之间的相互关系检查。

3 模型与设计图纸的符合性检查。

4 模型数据的准确性和完整性检查。

11.0.7 预制构件信息模型数据应满足生产设备识别要求,数据应包含下列内容:

1 预制构件整体模型数据。

2 各预制构件的生产数据。

3 各预制构件的图纸文件。

  4 预制构件的几何信息、位置信息、材料信息等。

11.0.8 预制构件应进行标识,并在设计、生产、质检、运输及安装阶段对每一预制构件建立相对应的信息数据,存储的信息应正确、真实、完整、有效。

11.0.9 预制构件的信息标识及读入端口的位置应充分考虑预制构件的制作、吊运、拼装、后期使用等要求,合理选择信息标识位置,并采用有效的保护措施对标识进行保护。

附录 A 预制斜向支撑桩基坑支护设计

A.0.1 采用预制斜向支撑桩的围护墙进行内力与变形计算时，预制斜向支撑桩的水平刚度可按下式确定：

$$k_h = \alpha_k \frac{F_k \sin^2\theta}{sb_c} \quad (\text{A.0.1-1})$$

$$s \leqslant s_0 \sin\theta \quad (\text{A.0.1-2})$$

式中：k_h——预制斜向支撑桩水平刚度系数(kN/m/m)；

α_k——预制斜向支撑桩刚度调整系数，应根据现场试验，结合抗弯刚度，进行数据拟合后综合确定，无现场试验条件时，可取 1.1～1.5；

F_k——预制斜向支撑桩轴向压力标准值，可根据静载试验桩顶轴向变形 s 对应的荷载确定(kN)；

θ——预制斜向支撑桩与围护墙的夹角(°)；

s——预制斜向支撑桩桩顶轴向变形(m)；

s_0——根据基坑工程环境保护等级确定的围护墙顶设计允许最大侧向位移(m)，应符合现行上海市工程建设规范《基坑工程技术标准》DG/TJ 08—61 的有关规定；

b_c——预制斜向支撑桩水平间距(m)。

A.0.2 预制斜向支撑桩对围护墙的水平反力可按下式确定：

$$F_h = k_h s_0 b_c \quad (\text{A.0.2})$$

式中：F_h——预制斜向支撑桩对围护墙的水平反力标准值(kN)。

A.0.3 预制斜向支撑桩支护基坑应进行整体稳定性、抗倾覆稳定性、坑底抗隆起稳定性、抗渗流稳定性、抗承压水稳定性验算，验算结果应符合现行上海市工程建设规范《基坑工程技术标准》

DG/TJ 08—61 的有关规定。

A.0.4 预制斜向支撑桩承载力计算应满足下列要求：

$$R_d \geqslant \gamma_0 \gamma_F \frac{F_h}{\sin\theta} \quad (A.0.4)$$

式中：R_d——预制斜向支撑桩轴向抗压承载力设计值(kN)；
γ_0——结构重要性系数，基坑安全等级为二级、三级时，取值分别不小于 1.0、0.9；
γ_F——综合分项系数，可取 1.25。

A.0.5 预制斜向支撑桩单桩轴向抗压承载力设计值应按下式确定：

$$R_d = \frac{R_k}{\gamma_R} \quad (A.0.5)$$

式中：R_k——单桩轴向抗压极限承载力标准值(kN)；
γ_R——单桩竖向承载力分项系数，基坑环境保护等级为二级、三级时，取值分别为 1.8、1.6。

A.0.6 预制斜向支撑桩的单桩轴向抗压极限承载力宜根据现场静载荷试验确定。若无试验资料，承载力估算应符合现行上海市工程建设规范《地基基础设计标准》DGJ 08—11 的有关规定。

A.0.7 预制斜向支撑桩桩身强度应满足下列要求：

$$R_d \leqslant \varphi_p \psi_c f_c A_{ps} \quad (A.0.7)$$

式中：φ_p——桩身稳定性系数，应符合现行行业标准《建筑桩基技术规范》JGJ 94 有关规定；
ψ_c——基桩成桩工艺系数，混凝土预制桩和预应力混凝土桩取 0.85；
f_c——混凝土轴心抗压强度设计值(kPa)；
A_{ps}——桩身截面面积(m^2)。

A.0.8 预制斜向支撑桩对围护墙的上拔力标准值可按下式确定：

$$F_v = \frac{F_h b_c}{\tan \theta} \quad (A.0.8)$$

式中：F_v——预制斜向支撑桩对围护墙的上拔力标准值(kN)。

A.0.9 预制斜向支撑桩的抗拔力应满足下列要求：

$$G_1 + R'_d \geqslant F_v \quad (A.0.9\text{-}1)$$
$$R'_d = T_{uk}/2 + G_p \quad (A.0.9\text{-}2)$$

式中：G_1——顶圈梁自重标准值(kN)；
  R'_d——围护桩抗拔承载力设计值(kN)；
  T_{uk}——围护桩抗拔侧摩阻力标准值(kN)，应符合现行上海市工程建设规范《地基基础设计标准》DGJ 08—11 的有关规定；
  G_p——围护桩自重标准值(kN)，地下水位以下取浮重度。

A.0.10 当围护墙采用劲芯水泥土墙时，除应进行围护墙抗拔承载力验算外，尚应验算内插芯材与水泥土墙之间的抗拔承载力。

附录 B 单体沉井下沉引起的地表沉降估算

B.0.1 对于单体沉井下沉引起的周边地表沉降,其最大值及分布模式可分别采用下列公式进行估算:

$$\frac{\delta_{vmax}}{H_c}(\%) = 0.016\left(\frac{H_c^2}{h_p^2} - 1\right) \quad (B.0.1\text{-}1)$$

式中:δ_{vmax}——沉井下沉时最大地表沉降值(m);
$\quad\quad H_c$——沉井下沉深度(m);
$\quad\quad h_p$——沉井内土塞高度(m)。

$$\begin{cases} \dfrac{\delta_v}{\delta_{vmax}} = 1 - 0.95\dfrac{d}{H_c} & 0 \leqslant \dfrac{d}{H_c} < 0.75 \\ \dfrac{\delta_v}{\delta_{vmax}} = 0.46 - 0.23\dfrac{d}{H_c} & 0.75 \leqslant \dfrac{d}{H_c} < 2 \end{cases}$$

$$(B.0.1\text{-}2)$$

式中:δ_v——沉井下沉时地表沉降值(m);
$\quad\quad d$——地表沉降计算点至沉井侧壁的距离(m)。

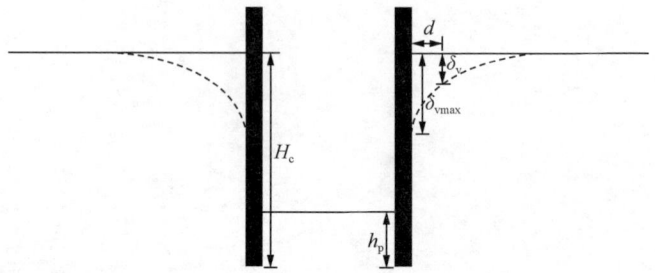

图 B.0.1 单体沉井下沉引起的周边地表沉降曲线示意图

附录 C 单一矩形顶管顶进引起的地表沉降估算

C.0.1 对于单一矩形顶管，可采用经验方法预估垂直于顶管顶进轴向方向的横向沉降，并按下述修正的 Peck 曲线进行估算：

$$S_{(x)} = \frac{nS_{\max}}{(n-1) + \exp\left[\alpha\left(\dfrac{x}{i}\right)^2\right]} \quad (C.0.1\text{-}1)$$

$$n = e^{\alpha} \frac{2\alpha - 1}{2\alpha + 1} + 1 \quad (C.0.1\text{-}2)$$

$$i = \frac{H_t + D_{eq}/2}{\sqrt{2\pi} \times \tan(45° - \varphi/2)} \quad (C.0.1\text{-}3)$$

$$S_{\max} = \frac{V_s}{T} \quad (C.0.1\text{-}4)$$

式中：$S_{\max}$——矩形顶管轴线上方最大地表沉降值(m)；

x——地表沉降计算点至顶管轴线的横向水平距离(m)；

$S_{(x)}$——地表沉降计算点的地表沉降值(m)；

α——地表沉降槽形状系数，可取 0.2～0.8；

i——地表沉降槽宽度系数(m)；

φ——土的内摩擦角；

H_t——顶管顶部至地面的覆土厚度(m)；

D_{eq}——矩形顶管面积等效圆直径(m)；

T——地层损失转化系数，可按表 C.0.1 取值；

V_s——地层损失量，可取 1‰～5‰V，V 为总挖量(m^3)。

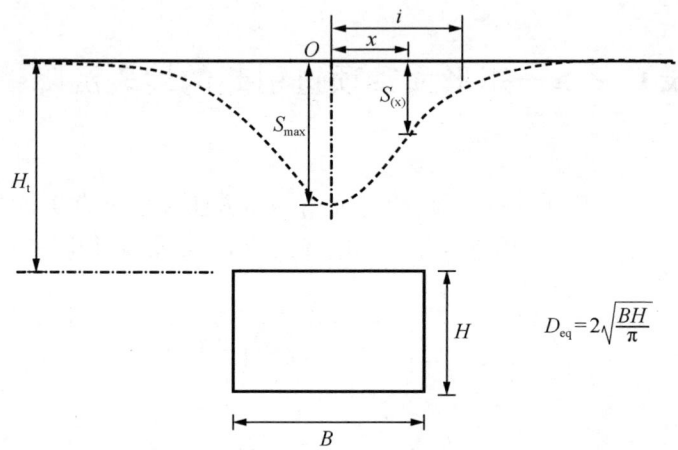

图 C.0.1 单一矩形顶管顶进引起的地表沉降曲线示意图

表 C.0.1 地层损失转化系数取值

沉降槽形状系数 α	沉降参数 T
0.2	3.11
0.5	2.51
0.8	2.24

本标准用词说明

1 为便于在执行本标准条文时区别对待,对要求严格程度不同的用词说明如下:

1) 表示很严格,非这样做不可的用词:
   正面词采用"必须";
   反面词采用"严禁"。
2) 表示严格,在正常情况下均应这样做的用词:
   正面词采用"应";
   反面词采用"不应"或"不得"。
3) 表示允许稍有选择,在条件许可时首先应该这样做的用词:
   正面词采用"宜";
   反面词采用"不宜"。
4) 表示有选择,在一定条件下可以这样做的用词,采用"可"。

2 条文中指明应按其他有关标准执行的写法为"应符合……的规定"或"应按……执行"。

引用标准目录

1 《钢结构设计标准》GB 50017
2 《地下工程防水技术规范》GB 50108
3 《预应力筋用锚具、夹具和连接器》GB/T 14370
4 《建筑模数协调标准》GB/T 50002
5 《水泥基灌浆材料应用技术规范》GB/T 50448
6 《地铁杂散电流腐蚀防护技术标准》CJJ/T 49
7 《装配式混凝土结构技术规程》JGJ 1
8 《建筑桩基技术规范》JGJ 94
9 《预应力混凝土结构设计规范》JGJ 369
10 《钢筋连接用灌浆套筒》JG/T 398
11 《钢筋连接用套筒灌浆料》JG/T 408
12 《地基基础设计标准》DGJ 08—11
13 《基坑工程技术标准》DG/TJ 08—61
14 《城市轨道交通设计规范》DG/TJ 08—109
15 《沉井与沉箱施工技术标准》DG/TJ 08—2084
16 《轨道交通及隧道工程混凝土结构耐久性设计施工技术标准》DG/TJ 08—2128
17 《城市轨道交通信息模型技术标准》DG/TJ 08—2202
18 《城市轨道交通工程施工监测技术规范》DG/TJ 08—2224
19 《市域铁路设计标准》DG/TJ 08—2435

上海市工程建设规范

地下工程预制装配技术标准
（轨道交通工程）

DG/TJ 08—2454—2024
J 17840—2024

条 文 说 明

2025　上海

目 次

- 1 总　则 ………………………………………………………… 89
- 3 基本规定 ……………………………………………………… 90
- 4 材　料 ………………………………………………………… 94
- 5 基坑工程 ……………………………………………………… 95
  - 5.1 一般规定 ………………………………………………… 95
  - 5.2 设　计 …………………………………………………… 96
  - 5.3 施工与检测 ……………………………………………… 106
- 6 地下车站结构 ………………………………………………… 113
  - 6.1 一般规定 ………………………………………………… 113
  - 6.2 设　计 …………………………………………………… 113
  - 6.3 施工与检测 ……………………………………………… 122
- 7 盾构法区间内部结构 ………………………………………… 126
  - 7.1 一般规定 ………………………………………………… 126
  - 7.2 设　计 …………………………………………………… 126
  - 7.3 施工与检测 ……………………………………………… 133
- 8 连续沉井法 …………………………………………………… 134
  - 8.1 一般规定 ………………………………………………… 134
  - 8.2 设　计 …………………………………………………… 136
  - 8.3 施工与检测 ……………………………………………… 143
- 9 矩形顶管法 …………………………………………………… 145
  - 9.1 一般规定 ………………………………………………… 145
  - 9.2 设　计 …………………………………………………… 146
  - 9.3 施工与检测 ……………………………………………… 151

10 束合式结构 ··· 155
　10.1 一般规定 ··· 155
　10.2 设　计 ·· 156
　10.3 施工与检测 ·· 158
11 信息化 ··· 160

Contents

1 General provisions ································ 89
3 Basic requirements ······························· 90
4 Materials ··· 94
5 Excavation engineering ·························· 95
   5.1 General requirements ······················ 95
   5.2 Design ··· 96
   5.3 Construction and inspection ············ 106
6 Underground station structure ················ 113
   6.1 General requirements ···················· 113
   6.2 Design ······································· 113
   6.3 Construction and inspection ············ 122
7 Shield tunnel section internal structure ······ 126
   7.1 General requirements ···················· 126
   7.2 Design ······································· 126
   7.3 Construction and inspection ············ 133
8 Continuous open caisson method ············· 134
   8.1 General requirements ···················· 134
   8.2 Design ······································· 136
   8.3 Construction and inspection ············ 143
9 Rectangular pipe jacking method ············· 145
   9.1 General requirements ···················· 145
   9.2 Design ······································· 146
   9.3 Construction and inspection ············ 151

10 Underground bundle composite pipe structure integrated by
transverse prestressing ·· 155
   10.1 General requirements ·································· 155
   10.2 Design ·· 156
   10.3 Construction and inspection ························· 158
11 Informatization ·· 160

1 总　则

1.0.1《国务院办公厅关于大力发展装配式建筑的指导意见》(国办发〔2016〕71号)、《住房和城乡建设部等部门关于推动智能建造与建筑工业化协同发展的指导意见》(建市〔2020〕60号)和《上海市装配式建筑"十四五"规划》(沪建建材〔2021〕702号)均明确提出了发展装配式建筑的指导意见,推广预制装配技术,促进建筑工业化升级和产业化发展,实现绿色环保、节能高效的智能建造成为我国轨道交通地下工程建设的重要发展趋势。预制装配式结构具有工厂生产和现场施工安全高效、质量可控、施工速度快、标准化程度高、环境污染小等优点,在轨道交通地下工程中得到了蓬勃发展和广泛应用,主要包括基坑工程、地下车站主体结构、出入口通道和地下区间结构等方面,形成了成套的设计与施工技术。本标准综合反映了近年来上海市地下工程预制装配式结构的工程实践经验和研究成果,所提出的各项要求与国家和上海市现行相关标准协调一致。

1.0.2 轨道交通包括城市轨道交通和市域铁路,本标准适用于上海地区轨道交通地下工程的预制装配式结构设计、生产、施工和验收。

1.0.3 本条阐述了轨道交通地下工程预制装配式结构的基本原则。与现浇混凝土结构相比较,预制装配式结构的设计、构件制作、运输、存放、施工安装等过程都有所不同。因此,装配式结构的建设、设计、生产制作、施工安装等各单位在方案设计阶段就需要进行协同工作,进行技术可行性和经济适用性论证。同时,本条强调了可持续发展的绿色建筑全寿命期基本理念,除应满足全产业链工业化生产的要求外,还应满足结构全寿命期运营维保的要求。

3 基本规定

3.0.2 地下车站结构侧墙与预制围护墙相结合,可选用复合墙、叠合墙或单墙的型式。当地下车站主体结构围护墙选用预制地下连续墙或劲芯水泥土墙内插锁扣型钢时,优先采用复合墙;若有充分抗剪措施(结合面允许剪应力大于 0.7 MPa)保证,也可采用叠合墙。当地下车站附属结构围护墙选用预制地下连续墙、劲芯水泥土墙内插锁扣型钢或预制混凝土矩形板桩时,优先采用复合墙;若防水等级为二级,也可采用单墙。

3.0.3 地下车站主体结构是指直接或间接承担地层荷载和运营车辆荷载,保证结构体稳定的结构构件;使用期间不可更换的内部结构是指直接承受地铁设备和人群荷载,在使用期间无法更换或更换会影响运营的结构构件。根据现行上海市工程建设规范《城市轨道交通设计规范》DG/TJ 08—109 和《市域铁路设计标准》DG/TJ 08—2435 的有关规定,设计工作年限不应低于 100 年。

地下车站内部的、位于次要部位且更换不影响使用功能和正常运营的结构构件,可按设计工作年限不低于 50 年、结构重要性系数 γ_0 不低于 1.0 进行设计。

根据现行国家标准《工程结构通用规范》GB 55001 的有关规定,持久设计状况适用于结构正常使用时的情况,短暂设计状况适用于结构施工和维修等临时情况,偶然设计状况适用于结构遭受火灾、爆炸、非正常撞击等罕见情况,地震设计状况适用于结构遭受地震时的情况。

3.0.4 根据现行上海市工程建设规范《地下铁道结构抗震设计标准》DG/TJ 08—2064 的有关规定,地下车站主体结构抗震构造措施可参照抗震等级为二级的同类地面钢筋混凝土框架结构确定。地下车站附属结构综合考虑其对地铁结构保持抗震稳定性的重要程度,抗震等级宜取三级。

3.0.5 根据上海轨道交通建设经验,地下车站底板由于防水要求,同时为了尽快封闭基坑,宜采用现浇钢筋混凝土结构。侧墙尺寸厚大,受吊装能力控制,若采用预制装配式结构,则构件宽度小,拼装接缝多,对结构受力与防水均不利。因此,地下车站底板和侧墙不宜采用预制装配式构件。

顶板可采用叠合板,在预制板上层后期整体浇筑叠合层混凝土,结构防水性能等同于整体现浇混凝土结构。对后浇混凝土结构的施工缝,可以有针对性的采取相应的防水措施,如预埋止水钢板,并在止水钢板的背水面设置遇水膨胀止水胶等,同时在顶板结构外喷涂防水涂料,作为结构外包防水措施。

中板根据楼板开洞和受力需要,可选用预制装配式结构、叠合结构或现浇混凝土结构。

内部结构与主体结构之间以及内部预制构件之间应有可靠连接,连接节点的传力路径应明确。

典型地下车站主体结构横断面如图1所示。明挖法地下区间结构可参照明挖法地下车站结构使用。

3.0.6 地铁车站、出入口通道人员流动频繁,要求达到一级防水标准。区间隧道有少量的湿渍基本不影响轨道交通的正常运营,因此,一般隧道工程的防水等级定为二级,有防潮要求的机电设备集中段防水等级要求达到一级。预制装配式结构应加强接缝部位的密封防水措施,防水做法应符合现行国家标准《建筑与市政防水通用规范》GB 55030、现行上海市工程建设规范《城市轨道交通设计规范》DJ/TJ 08—109 和《市域铁路设计标准》DG/TJ 08—2435 的有关规定。

3.0.7 根据现行国家标准《建筑设计防火规范》GB 50016、《地铁设计防火标准》GB 51298 的有关规定,轨道交通地下建筑的耐火等级确定为一级。

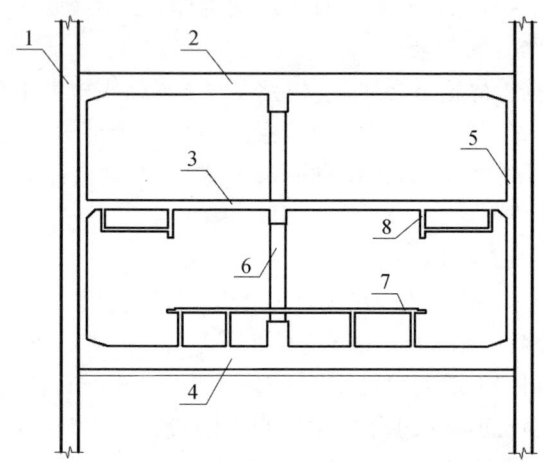

1—围护墙；2—顶板；3—中板；4—底板；5—侧墙；
6—中柱；7—站台板；8—轨顶风道

图1 典型地下车站主体结构横断面图

3.0.9 预制构件的制作、施工和验收应符合现行国家标准《混凝土结构工程施工规范》GB 50666、《钢结构工程施工规范》GB 50755、《混凝土结构工程施工质量验收规范》GB 50204、《钢结构工程施工质量验收标准》GB 50205 的有关规定。

首件验收制度是指结构较复杂的预制构件或新型构件首次生产、重新生产时，生产单位需会同建设单位、设计单位、施工单位、监理单位共同进行首件验收，重点检查模具、构件、预埋件、混凝土浇筑成型中存在的问题，确认该批预制构件生产工艺是否合理，质量能否得到保障，共同验收合格之后方可批量生产。

3.0.10 根据现行上海市工程建设规范《城市轨道交通信息模型技术标准》DG/TJ 08—2202 的有关规定，城市轨道交通工程应开展全寿命期的信息模型应用。建筑信息模型技术是预制装配式结构建造过程的重要手段，通过信息数据平台管理系统将设计、生产和施工等各环节连为一体，对提高工程建设各阶段及各专业之间协同配合的效率以及一体化管理水平具有重要作用。可选用二维码或者芯片技术,将每个预制构件的身份进行标识和定位,提升预制装配式结构建造工艺。

4 材 料

4.0.1 考虑工程防水和耐久性的需求,地下车站主体结构,尤其是直接与地层接触的结构宜采用钢筋混凝土材料。地下车站内部结构根据需要也可采用其他结构材料和型式,如钢管混凝土结构、型钢混凝土组合结构、钢结构等,所选用的材料应满足可靠性和耐久性要求。

4.0.2 地下结构主要材料采用钢筋混凝土,混凝土的最低强度等级大多是从满足工程耐久性要求考虑的。地下车站环境类别应符合现行上海市工程建设规范《轨道交通及隧道工程混凝土结构耐久性设计施工技术标准》DG/TJ 08—2128 的有关规定。受中等及以上腐蚀性介质作用的地下结构,迎水面主体结构应采用耐侵蚀性防水混凝土,外设防水层也应满足耐腐蚀要求。

预制构件由于采用工业化生产方式,便于控制质量,因此对其混凝土强度的最低等级适当提高,同时还可以缩短预制构件养护时间、提高模具的周转效率,并防止预制件在脱模起吊时开裂。

4.0.5 钢结构用钢材质量应符合现行国家标准《碳素结构钢》GB/T 700、《低合金高强度结构钢》GB/T 1591 和《建筑结构用钢板》GB/T 19879 等的有关规定。型钢组合支撑、预应力鱼腹式钢支撑等钢支撑构件宜采用屈服强度不低于 Q355B 的钢材。

4.0.6 预制构件竖向受力钢筋连接接头错开距离较小,一般在同一连接区段内钢筋接头面积百分率为 100%,根据现行行业标准《钢筋机械连接技术规程》JGJ 107 的有关规定,应选用Ⅰ级机械连接接头。

为达到节约材料、方便施工、吊装可靠的目的,避免外露金属件的锈蚀,预制构件的吊装方式可选用内埋式螺母、内埋式吊杆或预留吊装孔。

5 基坑工程

5.1 一般规定

5.1.2 预制地下连续墙、劲芯水泥土墙围护结构可用于开挖深度在 20 m 以内的轨道交通地下车站主体结构及附属结构基坑围护墙。钢管撑、型钢组合支撑可用于轨道交通地下车站主体结构及附属结构基坑支撑。型钢组合支撑、预应力鱼腹式钢支撑可用于平面尺寸较大、平面形状较规则的轨道交通地下车站附属结构联合邻近地块共同开发的大面积基坑工程。预制斜向支撑桩则适用于环境保护要求不高且开挖深度在 10 m 以内的轨道交通地下车站附属结构联合邻近地块共同开发的大面积基坑支护。

近年来,各类预制装配式围护结构及支撑结构技术均已在诸多基坑工程中得到应用。例如:预制地下连续墙已应用于上海市轨道交通 18 号线繁荣路站附属结构基坑工程;劲芯水泥土墙内插锁扣型钢芯材工法已应用于上海市轨道交通机场联络线浦东机场站基坑工程;劲芯水泥土墙内插预制 H 形混凝土桩工法已应用于邻近上海市轨道交通 17 号线高架区间段的某地块基坑工程;劲芯水泥土墙内插预制混凝土矩形板桩工法已应用于上海市浦东机场 T3 航站楼新建捷运线基坑工程。

5.1.3 轨道交通工程中若存在地铁车站与周边地块地下室连通的情况,可在地铁车站设计时在装配式围护结构内预留洞口连通条件,便于后续接口施工、缩短施工周期和降低施工难度。

5.2 设 计

5.2.1 由于预制地下连续墙受吊装及现场运输条件限制,其墙厚较现浇地下连续墙小,且为使预制墙段顺利沉放入槽,预制地下连续墙墙体厚度一般较成槽宽度小 20 mm 左右,目前常用墙厚有 580 mm、780 mm 等。

预制地下连续墙的适用范围为开挖深度在 20 m 以下的轨道交通地下车站主体结构或附属结构基坑工程。以上海市轨道交通 18 号线繁荣路站附属 2 号出入口 2 号风亭基坑为例,其开挖深度约为 9.4 m,采用 580 mm 厚、22.75 m～25.75 m 长的预制地下连续墙作为单墙。

为满足吊装和运输要求,在设计时需控制墙段重量:一方面预制墙段采用空心截面,另一方面可减小墙段水平分幅宽度。此外,还可采取竖向分节制作吊放的方法减轻起吊重量,但分节之间应有可靠的连接。

目前工程中常用的预制地下连续墙相邻分幅接头形式以钢筋混凝土现浇接头为主,以上海市轨道交通 18 号线繁荣路站附属 2 号出入口 2 号风亭基坑为例,现浇接头示意如图 2 所示,开挖

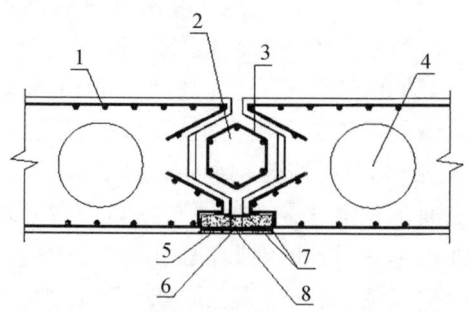

1—预制地下连续墙;2—现浇钢筋混凝土接头;3—螺旋筋;4—预制空腔,后期灌浆填实;
5—止水钢板;6—防水嵌缝材料;7—预埋角钢;8—后浇混凝土

图 2 预制地下连续墙钢筋混凝土现浇接头

面范围内采用暗埋式壁柱作为二次防水构造措施。

预制地下连续墙墙底注浆可消除墙底沉淤,预制地下连续墙墙体与侧壁间的缝隙注浆填充则可有效提高地下连续墙侧壁摩阻力,从而减少地下连续墙的沉降及环境影响,也可使地下连续墙底部承载力和侧壁摩阻力充分发挥,提高地下连续墙的竖向承载力。

5.2.2 随着水泥土墙施工工艺及施工技术的多样化发展趋势,在传统三轴水泥土搅拌桩(SMW工法)的基础上,上海地区近年来衍生出多种水泥土墙形式,其中水泥土墙可选用数字化微扰动四轴水泥土搅拌桩(DMP工法)、五轴水泥土搅拌桩,也可选用渠式切割水泥土搅拌墙(TRD工法)及铣削式深搅水泥土搅拌墙(CSM工法)形成的等厚度水泥土搅拌墙。

5.2.4 等厚度水泥土墙内插锁扣型钢芯材形成的劲芯水泥土墙,又称为NS-BOX工法,其型钢接头目前常用的为C-T型雌雄锁扣接头,接头形式如图3所示。

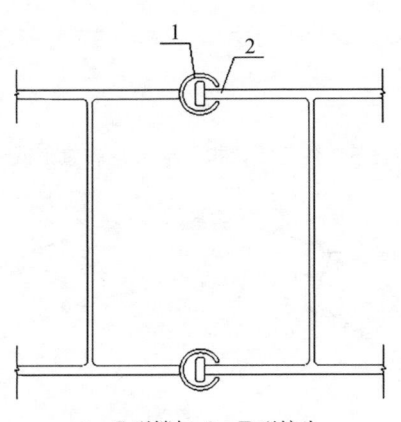

1—C型锁扣;2—T型接头
图3 锁扣咬合接头

对于围护墙直线段,可采用一字形布置,如图4所示;对于转角幅,锁扣型钢应根据转角处形状设计特殊的转角型钢,如图5所示;

对于围护墙曲线段,相邻芯材之间无法进行直接嵌套连接,可通过增设止水钢板进行间接嵌套,如图6所示。

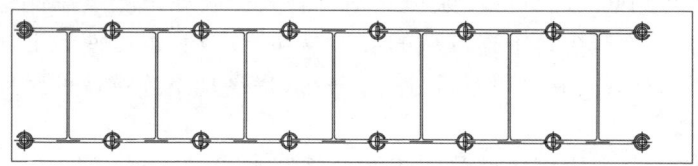

图4 锁扣型钢的一字形布置形式

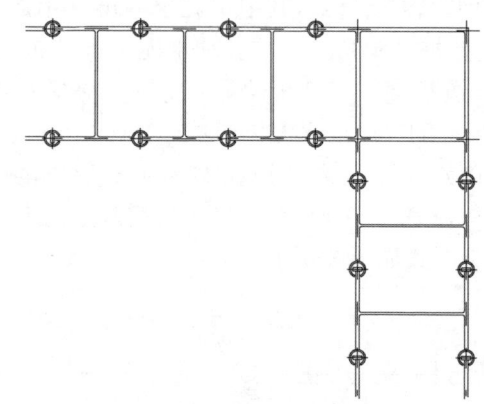

图5 转角幅锁扣型钢L形布置形式

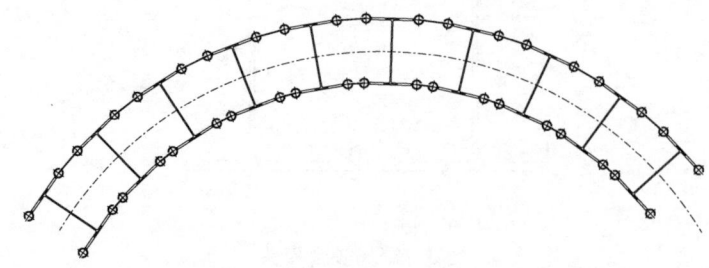

图6 曲线段增设止水钢板进行锁扣型钢间接嵌套布置形式

为研究NS-BOX工法施工工艺及现场实际效果,结合上海浦东国际机场三期扩建工程交通配套工程项目进行现场工艺试验。在机场联络线上海浦东机场站Ⅲ区临近封堵墙位置30 m范围槽段内，先后进行6组NS-BOX工法现场工艺试验，成槽深度从50 m到75 m，墙厚1 200 mm，套铣搭接300 mm，内插50 m长900 mm×300 mm×16 mm×28 mm锁扣型钢，试验取得圆满成功。

5.2.5 劲芯水泥土墙内插预制H形混凝土桩芯材的工艺简称HMW工法，该工法主要依靠水泥土搅拌墙内插预制H形混凝土桩作为挡土构件，并由圈梁连接成整体。该构件的挡土能力受平面布置、截面刚度、桩身强度、接头强度等因素影响，目前应用案例中基坑深度多为12 m以内。当应用到开挖深度超过12 m的基坑时，对HMW工法的桩身强度、接头强度、整体刚度、施工工艺等关键因素应开展预制构件和现场试验，以充分论证其适用性和可靠性。

HMW工法目前已应用于多个基坑工程中，以毗邻上海轨道交通17号线高架区间段的某基坑工程为例，该基坑面积约35 000 m^2，平均开挖深度约10 m，围护结构采用预制H形混凝土桩，构件平均长度约20 m。

预制H形混凝土桩在开挖阶段承受较大的水土压力，当预制H形混凝土桩分为上、下两节时，其竖向连接结构应具有足够的抗弯及抗剪能力，要求不低于桩身强度，同时兼顾接头快速施工的工效需求。因此，预制H形混凝土桩的竖向连接方式宜采用快速铆接的形式。根据不同的抗弯和抗剪需求，分为以下3种形式：

1 快速接头形式一

采用预埋板和外接盖板的形式在预制H形混凝土桩的翼缘处利用高强螺栓快速铆接，形成具有良好抗弯性能和一定抗剪性能的接头。其构造详图如图7所示。

2 快速接头形式二

采用竖向螺锁式机械连接上、下两节预制H形混凝土桩，其

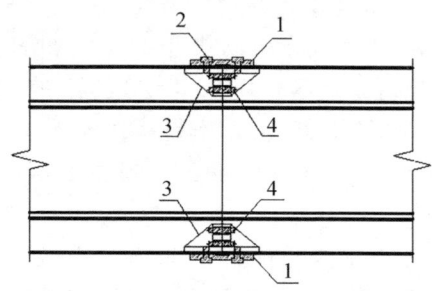

1—连接盖板；2—高强螺栓；3—加强肋；4—通长PC钢棒
图7 快速接头形式一示意图

连接形式为预应力主筋上匹配螺锁式接头，连接前将插杆圆头部分涂上环氧树脂等密封材料。该接头形式具有施工高效，抗弯性能好的特点，其构造详图如图8所示。

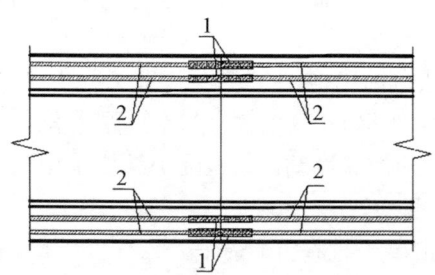

1—竖向螺锁式机械快速接头；2—通长PC钢棒
图8 快速接头形式二示意图

3 快速接头形式三

在预应力主筋采用竖向螺锁式机械连接形式的基础上，进一步加强预制H形混凝土桩在腹板处的抗剪措施，除了预应力主筋上匹配螺锁式接头外，还在腹板处采用高强螺栓快速铆接预埋板和外接盖板，形成翼缘抗弯、腹板抗剪的快速接头，全方位提升预制H形混凝土桩抗弯、抗剪性能，其构造详图如图9所示。

上述3种快速接头形式，应根据预制H形混凝土桩尺寸、刚度、接头处的受力情况进行合理选择和设计。

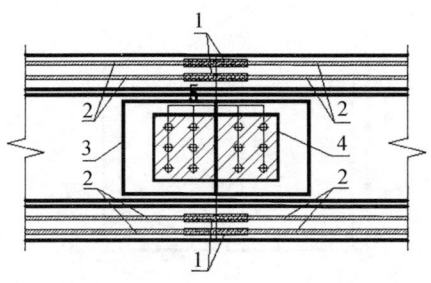

1—竖向螺锁式机械快速接头；2—通长 PC 钢棒；
3—预埋钢板；4—盖板；5—高强螺栓
图 9 快速接头形式三示意图

5.2.6 在等厚度水泥土搅拌墙内插预制混凝土矩形板桩形成的劲芯水泥土墙，又称 TAD 工法。该工法相较于预制地下连续墙而言，可有效解决成槽过程中的环境污染及施工扰动问题。且由于 TAD 工法内插混凝土预制板材尺寸小、重量轻，受设备吊装能力限制小，可实现多幅预制板材竖向连接，应用场景更为广泛。

预制混凝土矩形板桩在开挖阶段承受较大的水土压力，上、下两节预制混凝土矩形板桩的竖向连接结构应具有足够的抗弯及抗剪能力，同时还需要满足防渗止水的要求，避免基坑开挖过程中接头位置发生抗弯、抗剪破坏或渗漏水的问题。因此，预制混凝土矩形板桩的竖向连接接头宜采用干式连接形式，提高连接接头可靠性，并对接头及连接件进行设计和计算，保证接头处抗弯、抗剪强度不应低于墙身的抗弯、抗剪强度。

上海浦东机场 T3 航站楼新建捷运线基坑挖深为 12.15 m，相邻的共同沟基坑挖深为 11.45 m，两工程基坑受狭小空间影响，共用中隔墙采用 TAD 工法劲芯水泥土墙，在 800 mm 厚 TRD 等厚度水泥土搅拌墙内插 600 mm 厚的预制混凝土矩形板桩，取得了较好的技术经济效果。预制混凝土矩形板桩横向接头形式为榫卯式接头，其构造详图如图 10 所示；竖向连接接头形式为螺锁式接头，连接前将插杆圆头部分涂上环氧树脂等密封材料，其构造详图如图 11 所示。

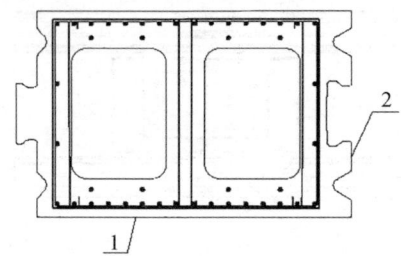

1—预制混凝土矩形板桩；2—榫卯式接头
图 10 预制混凝土矩形板桩横向榫卯式连接

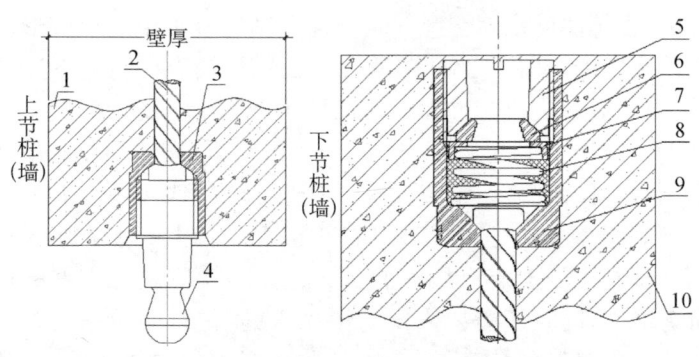

1—上节桩桩壁；2—预应力钢棒；3—小螺母；4—插杆；5—中间螺母；6—锁片；
7—垫圈；8—弹簧；9—大螺母；10—上节桩桩壁
图 11 预制混凝土矩形板桩竖向螺锁式机械连接

5.2.7 型钢组合支撑、预应力鱼腹式钢支撑是新型装配式钢支撑。与传统钢管支撑相比较，土方开挖空间大，施工效率高，可缩短基坑开挖工期30%以上，适用于平面形状较规则的基坑工程。当用于平面形状复杂的基坑工程时，可与混凝土内支撑相结合使用。型钢组合支撑的长度不宜超过 150 m，以确保其整体稳定性；预应力鱼腹式钢支撑对撑长度不宜大于 130 m，鱼腹梁跨度不宜大于 50 m。

轴力自动补偿钢支撑实现了传统施工技术、液压控制技术以及计算机信息技术的结合,对支撑轴力变化实施全天候监测和自动补偿,使基坑工程始终处于可控状态,对控制基坑变形、保护周边敏感环境发挥重要作用。

5.2.8 型钢组合支撑其构件组成和典型平面布置如图12所示。

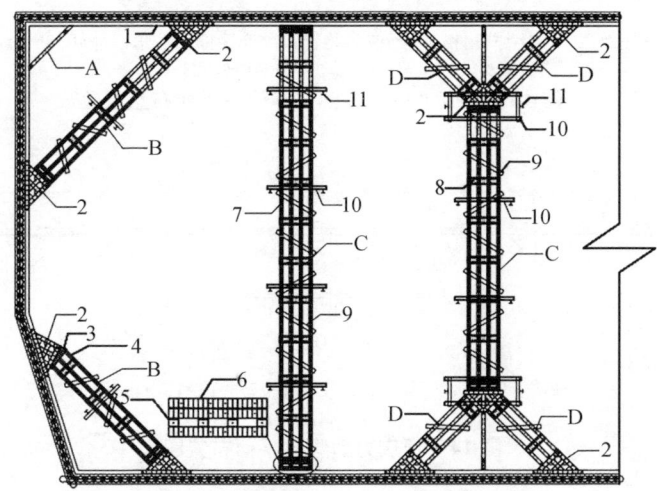

A—角撑;B—角撑;C—对撑;D—八字撑
1—组合围檩;2—三角传力件;3—角度调节件;4—非标准件;
5—保力盒;6—预应力装置;7—单肢型钢;8—盖板;
9—系杆;10—托梁;11—立柱
图12 型钢组合支撑平面布置图

5.2.9 预应力鱼腹式钢支撑作为基坑工程的一种支撑形式,系采用标准化构件形成的装配式钢支撑结构体系,其体系组成如图13所示,其中预应力鱼腹梁的结构组成如图14所示。该支撑体系可通过预应力的施加和复加控制围护墙的变形,而且采用大跨度预应力鱼腹梁可形成支撑杆件间的较大空间,具有绿色环保、节能降耗和施工迅速的特点。该技术已在上海的多项工程中成功应用,并已经积累了丰富的设计与施工实践经验。

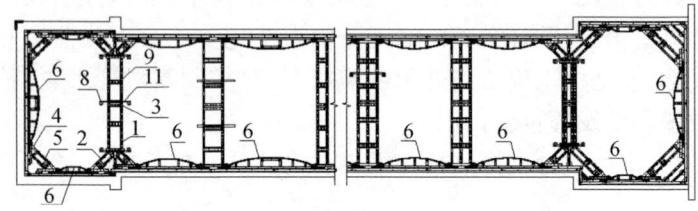

1—对撑杆件;2—八字撑杆件;3—预应力装置;4—连接件;5—角撑杆件;6—鱼腹梁;
7—腰梁;8—立柱;9—盖板;10—系杆;11—托梁

图 13　预应力鱼腹式钢支撑体系平面布置图

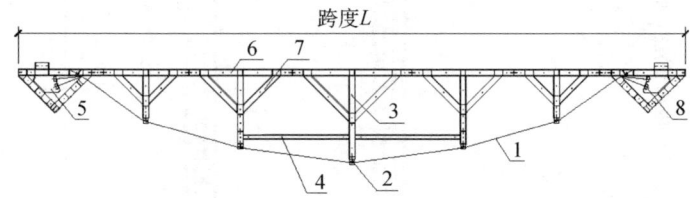

1—下弦钢绞线;2—桥架;3—直腹杆;4—连杆;5—连接件;
6—上弦梁;7—斜腹杆;8—锚具

图 14　预应力鱼腹梁平面布置图

预应力鱼腹式钢支撑结构的设计和计算可参考现行中国土木工程学会标准《预应力鱼腹式基坑钢支撑技术规程》T/CCES 3 的相关规定。

5.2.10　轴力自动补偿钢支撑的轴力施加宜采用分级施加,且在基坑分块区域的土方开挖完成后要及时施加,以达到有效控制变形的目的。以上海浦东机场 T3 航站楼基坑项目南交通中心基坑工程为例,基坑面积 12 600 m²,普遍区域挖深为 9.5 m,采用一道轴力自动补偿型钢组合支撑,支撑预加力为 500 kN,分两级依次施加,每级施加总预加力的 50%,在施工过程中结合支撑轴力监测结果进行信息化施工并调整支撑轴力,起到了较好的变形控制效果。

目前工程界还研发出了可采用两端耦合轴力补偿的超长距

离钢支撑技术,可用于平面较大的基坑工程。该技术已应用于紧邻轨道交通 12 号线的某基坑工程项目,基坑开挖面积约 12 300 m²,挖深约为 11.1 m,邻近 12 号线区间隧道。基坑竖向设置 3 道支撑,首道为钢筋混凝土支撑,第二、第三道为跨度 70 m 的两端耦合轴力自动补偿钢管支撑,现场监测所得的围护结构最大侧向变形量 15 mm,约为 1.35‰倍挖深,实现了基坑微变形控制目的。

5.2.12 轨道交通地下车站附属结构联合邻近地块共同开发的大面积基坑工程,在条件具备的情况下也可采用预制斜向支撑桩作为支撑,其基坑支护系统由围护墙(桩)、顶圈梁、预制斜向支撑桩、止水帷幕等组成,如图 15 所示。

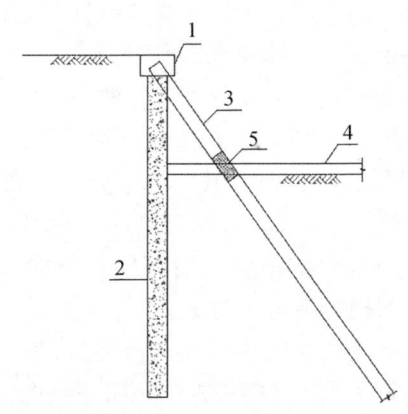

1—顶圈梁;2—围护墙(桩);3—斜桩;4—底板;5—止水节点
图 15 预制斜向支撑桩支护结构示意图

预制斜向支撑桩截面形式和尺寸应综合考虑抗压承载力和设备施工能力,截面尺寸宜取 350 mm~550 mm;预制斜向支撑桩是受压为主的预制构件,预制斜向支撑桩同顶圈梁连接时,凿除预制斜向支撑桩顶部混凝土,用锚固钢筋与顶圈梁主筋焊接。

5.3 施工与检测

5.3.1 考虑在预制墙段自重作用下,压实碎石对槽底起到加固作用,槽底回填碎石应高出墙段的埋置底标高。

本条第3款对预制墙段安放顺序及安放闭合位置作了规定。由于墙缝接头处混凝土施工可能造成预制墙段底端移动,除采取措施防止移动外,对于实际可能产生的移动和预制墙段位置变化,在闭合幅安放前应进行实测,并作相应调整,保证闭合幅顺畅安放。预制地墙安放前应对导墙稳定性进行验算。

预制墙段一般处于平面外位置起吊,而平面外墙段相对比较细长,故需对起吊过程墙段跨中弯矩进行计算,并校核起吊产生的内力和挠度是否满足设计要求。预制墙安放时,需采用经纬仪对预制墙段的厚度和宽度方向分别进行测量调整。预制墙段起吊后需保持铅垂状态,便于墙段入槽安放。墙段采用端头两点吊,两吊点交点须在墙段的重心线上,其中一吊点处设微调索,以调整起吊后的预制墙段至铅垂状态,如图16所示;预制墙段由水平状态回直、起重机起升时,起重吊钩需沿其回直方向移动(或行走、或起把杆),避免根部拖行或着力过大。

根据预制地下连续墙施工工艺,宜连续成槽、连续吊放墙段,并吊放3段~5段后再进行接头桩和压密注浆施工。

5.3.2 本条是预制墙段水平向分幅接头施工的规定。预制墙段间的墙缝处理是预制地下连续墙的施工关键之一,其作用为:①连接各墙段,使墙段连成整体;②止水抗渗;③墙段安放的调整间隙。墙缝接头宜采用现浇钢筋混凝土接头。

接头处采用一个施工段相对集中施工主要原因为:①预制墙段已安放,槽壁无稳定之虞;②有利于各种作业叉开施工;③多幅墙段根部挤密,可减少混凝土接头桩施工对墙段根部的挤动。

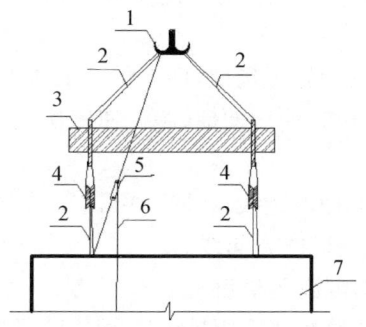

1—吊钩;2—钢丝绳;3—铁扁担;4—滑轮;5—手拉葫芦;
6—调整索;7—预制地下连续墙
图 16　预制墙段调直示意图

接头混凝土一次浇筑到顶,会对相邻的已安装的预制墙体造成较大挤压而移动。因此,接头混凝土宜分两次浇筑,第一次浇筑一定高度的混凝土并终凝后进行第二次混凝土浇筑,这样可以避免或减少接头混凝土浇筑时的挤压影响,防止预制墙体的移动。第一次浇筑高度可控制在基坑开挖面以下 5 m,不影响开挖面以上墙体接缝的抗渗性能。

5.3.3 墙底注浆、墙体前后缝隙注浆的注浆压力应大于注浆深度处的土层压力,注浆量可根据土层情况及类似工程经验确定。注浆分阶段进行,采用注浆压力和注浆量双控的原则。

5.3.4 劲芯水泥土墙内插芯材为锁扣型钢时,施工前应根据设计要求、工程地质条件及周边环境资料等编制专项施工方案。水泥土锁扣型钢施工设备主要有主机、配套机具、自动拌浆系统、水泥筒仓等。锁扣型钢宜依靠自重插入,当水泥土墙成墙搅拌完成间隔时间过长时,锁扣型钢插入有困难,因此规定水泥土墙成墙完成 2 h 内插入锁扣型钢。型钢定位导向架和竖向定位的悬挂构件应根据内插型钢的规格尺寸制作。

5.3.5 预制 H 形混凝土桩总体施工流程如下：

1 设备选型

综合考虑现场的施工场地，插入预制 H 形混凝土桩时宜采用机器人边桩机，该设备使用便捷、施工速度快、安全性能高。

2 定位放线

按图纸定好围护内边线，每隔 10 m 钉一控制样桩，拉线后作为预制 H 形混凝土桩的方向线。

3 预制 H 形混凝土桩沉桩

搅拌桩或搅拌墙成墙后用吊车将预制 H 形混凝土桩吊到对应位置，采用夹具辅助对好方向保证竖直，用吊车吊起预制 H 形混凝土桩后，由边桩机把预制 H 形混凝土桩夹住并竖直向下施压直至达到设计标高。搅拌桩制作后应立即插入预制 H 形混凝土桩，一般间隔不超过 30 min，插入定位误差垂直基坑方向不超过 10 mm，平行基坑方向不超过 50 mm，底部标高误差不大于 300 mm。

4 接桩

多节桩宜现场拼接接桩、整体起吊后沉桩，也可采用上、下接桩方式，但是接桩时间不得大于水泥土初凝时间；接桩时，其入土部分预制 H 形混凝土桩的桩头宜高出地面 0.5 m～1.0 m。上、下节桩段应顺直，错位偏差不宜大于 2 mm；螺栓接桩时，应先确认预制 H 形混凝土桩的接头质量合格，上、下端板表面清理干净，坡口处用铁刷子刷至露出金属光泽，并清理油污和铁锈。

5 施工检测与控制

沉桩时桩身应垂直，在距桩机不受影响范围内设置校准仪器，出现偏差时应及时加以调整；夹持器应与桩身夹持部位尺寸相匹配，并应有足够的夹持长度，避免桩身混凝土夹碎或滑动；沉桩时，出现下沉量反常、桩身倾斜、位移过大、桩身或桩顶破损等异常情况时，应停止沉桩，待查明原因并采取有效措施后方可继续施工；沉入搅拌桩时，沉桩时间不得大于搅拌桩的终凝时间。

5.3.6 芯材插入过程中应避免采用自由落体式下插，更严禁多次重复起吊松钩下落，这种方式不仅难以保证预制板材的正确位置，还容易发生偏转，垂直度也不易保证。预制板材插入应采用定位导向架或专用插板机，在插入过程中应采取措施确保板材垂直度、插入位置、深度满足设计要求，必要时应采用悬挂构件控制预制板材顶标高。

5.3.9 预应力鱼腹式钢支撑体系拼装完成后，应进行预应力的施加。由于水平支撑系统是一个整体，对撑、角撑以及预应力鱼腹梁的受力相互关联影响，因此预应力施加过程应分多级荷载循序施加，并通过反复调整，确保各个构件的预应力达到设计要求。

对钢绞线施加预应力时，采用"双控"措施，需对所采用的钢绞线进行标定，确定其拉力与伸长量的关系。根据标定得到的结果，通过测量其伸长量来检测钢绞线施加预应力锁定后其保留的预应力值。由于钢绞线采用自锁式夹片锁定预应力，在钢绞线锁定时有部分的预应力损失，因此，在施加预应力时宜对钢绞线进行超张拉，其超张拉量可通过检测钢绞线的拉力值来确定。

5.3.11 预制斜向支撑桩总体施工工艺及流程如下：

1 桩位定位

1) 根据测设的控制点（轴线测量基准点），用经纬仪、水准仪建立基准点和临时水准点，并建立明显保护标志；
2) 测出桩位轴线及桩位点、标高，并执行测量复核、检验制度，经总承包方、监理复检验收后方可施工；
3) 在正式压桩前对桩位进行再次复验，对测量基线要定期复核，并及时修正，保存记录。

2 桩机就位

压桩机就位时应对准桩位中心，启动平台支腿油缸，校正平台处于水平状态。

3 起吊桩

工程施工前卸桩由起重机采用两点起吊，平移至桩架前，然后再由卷扬机单点起吊,垂直喂入抱箍。

4 压桩和稳压

预制斜向支撑桩每次喂桩后,需要先控制抱箍倾斜至设计角度,压桩时启动压桩油缸;当桩入土至 0.5 m 时,再次校正桩的倾斜角度和平台的水平度,保证桩的纵向垂直偏差不超过 1/200,然后启动压桩油缸,并控制施压速度,不宜超过 3 m/min;压桩应连续,同一根桩中间间歇时间不宜超过 30 min。

5 接桩

焊接时预埋件表面应保持清洁;上、下桩节之间的间隙应采用铁片填实焊牢;焊接时应采取措施,减少焊接变形,焊缝要求连续饱满;在焊接过程中应控制焊接速度和焊接顺序,保证焊接质量;上、下节桩的中心偏差不得大于 5 mm,节点弯曲矢高不得大于桩长的 1/1 000,且不大于 20 mm。

6 送桩

送桩杆的中心线与桩身应吻合,并通过预先调整到与设计标高一致的水准仪控制每一根桩的标高。

7 施工记录

由压桩机操作人员做好施工记录。开始压桩时,记录每节桩施压的压力值;当下沉至设计标高时,记录最终施压的压力值。

斜向支撑桩的施工示意如图 17 所示,施工流程如图 18 所示。

5.3.12 围护墙各侧边的中部、阳角处、邻近被保护对象处等部位一般是基坑变形最大或最容易出工程事故的位置。自动化监测能避免人工监测不及时、准确等缺点,发挥监测数据自动采集与传输、数据分析和处理、预警等优势作用。

5.3.13 预制装配式围护墙的深层水平位移监测是观测支护体系变形最直接的手段,目前多用测斜仪观测。空芯预制混凝土构件中埋设测斜管时,可选用铝制或钢制测斜管在混凝土浇筑前绑扎固定在钢筋笼中,管端应临时封堵,并宜固定在翼板中点处。

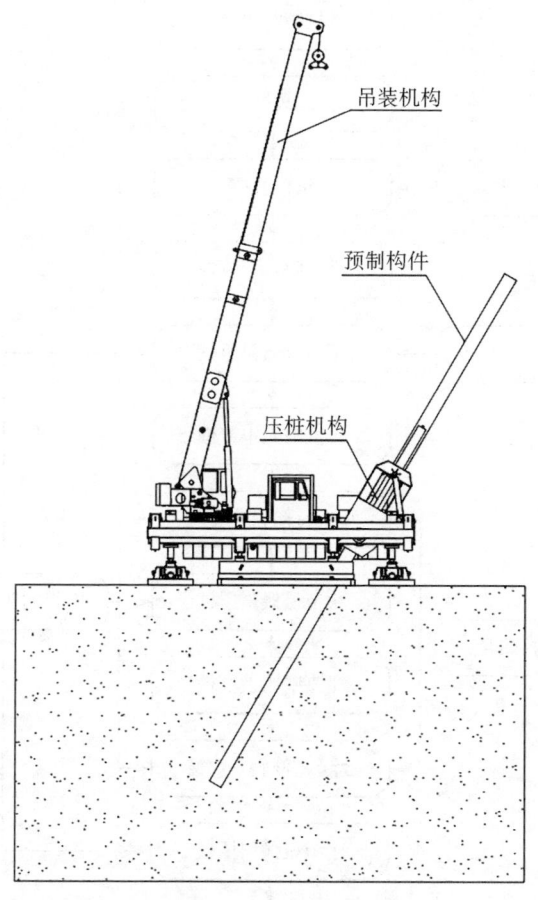

图 17　斜向支撑桩施工示意图

实芯预制混凝土构件或预制型钢构件中埋设测斜管时,宜在围护墙插入前采用钢抱箍法安装在芯材内侧,测斜管管身强度及固定强度应满足围护墙施工要求。

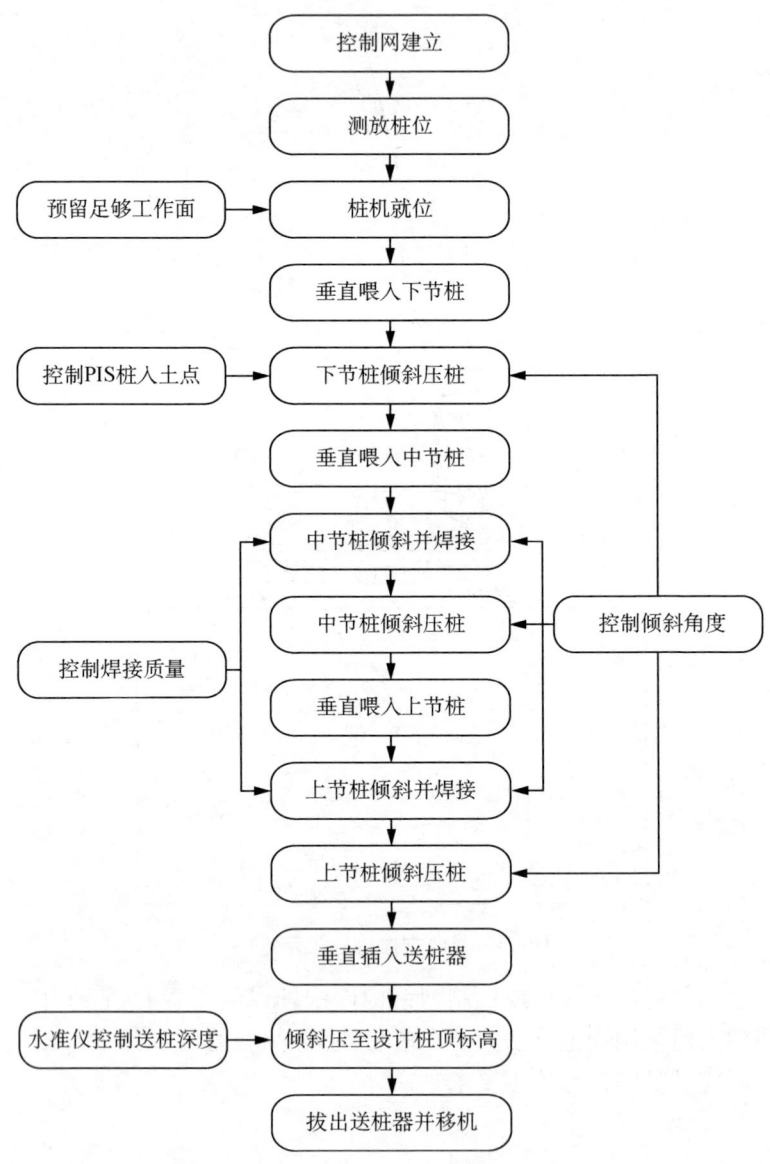

图 18 斜向支撑桩总体施工流程

6 地下车站结构

6.1 一般规定

6.1.3 预制装配式结构成败的关键在于预制构件之间以及预制构件与后浇混凝土之间的连接技术,其中包括连接接头的选用和连接节点的构造设计。节点连接构造除应满足结构的力学性能外,尚应满足建筑使用功能的要求。

6.1.4 地下车站结构整体体量大,预制装配式结构即便将其拆分为多块预制构件后,单块构件重量仍然较大,对运输、吊运及拼装作业等都带来一定的难度。为降低施工风险,可选择肋板等轻量化形式。

6.2 设 计

6.2.1 地下车站建筑设计必须满足客流和设备运行的需求,保证功能分区明确、布置紧凑、便于管理,并具有良好的通风、照明、防灾等设施。

装配式建筑采用建筑通用体系是实现建筑产品工业化的前提,标准化、模块化设计是满足部品部件工业化生产的必要条件,以实现批量化的生产和建造。装配式建筑应以少规格、多组合的原则进行设计,结构构件和内装部品应减少种类,既可经济合理地确保质量,也利于组织生产与施工安装。

装配式建筑是一个完整的具有一定功能的建筑产品,是一个系统工程。结构系统、设备与管线系统以及装修系统的一体化集成,可以充分利用结构自然美,体现现代交通建筑特点。

6.2.2 "预制+现浇"叠合工艺将预制拱形装配式结构应用到地下车站施工中,克服了富水软土环境中拼装接缝渗漏水的问题,是预制装配式结构应用于富水软土环境地下车站的一种创新尝试。

上海轨道交通 15 号线的吴中路站是一座地下二层岛式车站,地下一层为站厅层,地下二层为站台层,车站主体的 7 轴～18 轴为无柱大跨结构,顶板采用"预制+现浇"叠合拱壳结构,车站横断面如图 19 所示。其施工工艺为:将工厂预制混凝土拱壳运输至现场后组成三铰拱底模,在其上进行钢筋绑扎和混凝土浇筑,从而形成无铰叠合的拱壳结构。

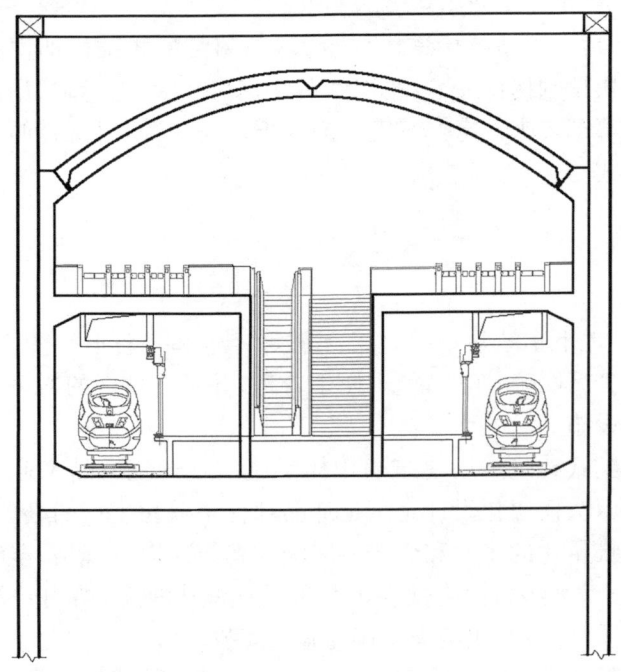

图 19　吴中路站主体结构横断面示意图

叠合拱壳结构的组成包括预制层、现浇层和拱座。考虑预制模具制作、构件运输、吊装等因素,先将混凝土拱壳分跨预制,运输至现场后再进行拼装。一跨预制拱壳单元由左、右两幅半跨预制混凝土拱壳拼装后再与拱座铰接,从而形成三铰拱结构,如图20所示。该结构除了要承受自身的重力荷载外,后续还要承受现场浇筑混凝土时的施工荷载。现浇层混凝土浇筑后,拱脚和拱顶的铰节点全部转换成刚性节点,结构体系由预制三铰拱结构转化为无铰拱结构,此时结构需要承受自身重力荷载、覆土荷载和地面超载等荷载。

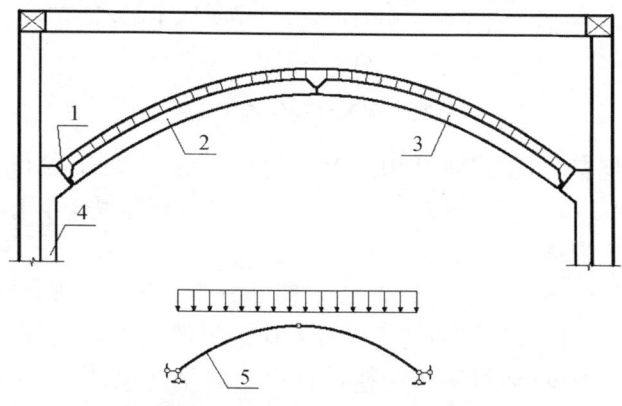

1—拱座;2—预制板a;3—预制板b;4—内衬墙;5—三铰拱
图20 预制拱壳形成三铰拱示意图

预制层采用预制双肋混凝土拱板,沿拱壳的跨度方向以固定间距满跨布置钢筋桁架,以满足现场浇筑混凝土时两侧悬臂端的承载要求,如图21所示。该结构既能减轻构件质量,方便施工,又能提高构件的抗弯刚度,满足吊装和运输要求。

6.2.3 对于预制混凝土板式楼梯,吊装、运输及安装过程中受力状况比较复杂,且与使用阶段不同,为了保证构件的承载力及控制裂缝宽度,对梯段板的最小厚度和通长配筋进行了规定。

发生强烈地震时,楼梯是重要的逃生通道,应避免楼梯的破坏。当预制楼梯与主体结构采取一端为固定铰、另一端为滑动铰

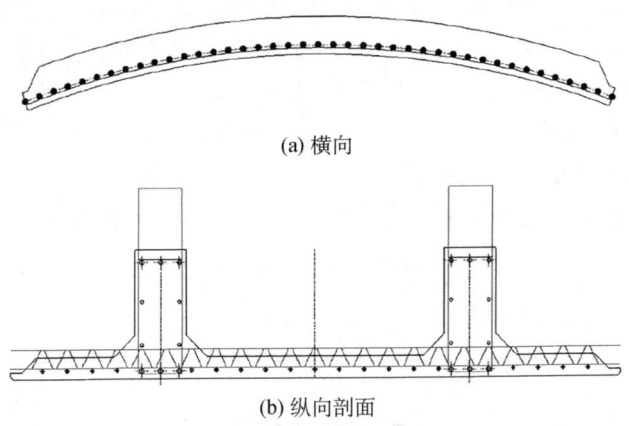

(a) 横向

(b) 纵向剖面

图 21 预制拱壳结构示意图

的简支连接时,楼梯对结构刚度等的影响较小,可不参与抗震计算;应保证铰支承具有足够的转动及滑动变形能力,并采取构造措施防止滑落。

上海轨道交通 13 号线二、三期部分车站采用"现浇楼梯梁、柱＋预制梯段板"的形式,综合考虑梯段板的踏步级数、踏步规格及梯段板宽度,通过对预制构件钢模的通用性设计,实现地下车站内部楼梯预制构件的标准化设计。考虑地下车站空间有限,无法采用大型设备进场施工,因此将每块楼梯板重量控制在 2 t～3 t。采用 600 mm、700 mm 两种规格的梯段板宽度进行楼梯宽度的组合,即可满足 1.8 m～3.2 m 宽度的楼梯设置要求。针对车站公共区楼梯存在 14 级～18 级 5 种规格的踏步级数,沿楼梯长度方向,梯段板模具可设计为两端固定、中间分段拼装式结构,中间可根据实际需要设计为一个单组踏步或一个双组踏步,并根据设计需要进行拼装。公共区楼梯立面布置如图 22 所示,楼梯与中板和站台板的支点连接结构详图如图 23 所示。

在地铁车站内部,预制楼梯的设计需考虑到由地铁车辆频繁进出站引起的结构震动。由于车辆每隔 1 min～2 min 通过,这对

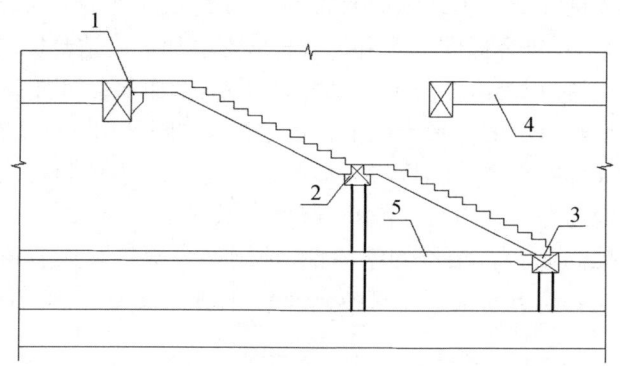

1—托座；2—倒 T 形梁；3—异形梁；4—中板；5—站台板
图 22　直跑楼梯立面布置示意图

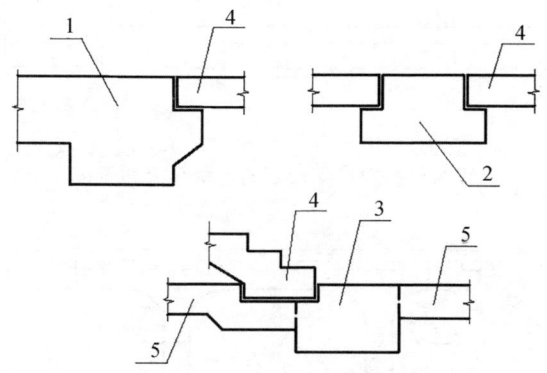

1—上支点托座；2—中支点倒 T 形梁；3—下支点异形梁；4—中板；5—站台板
图 23　支点结构布置示意图

预制楼梯与支座连接的稳固性提出了较高的要求。为了确保施工的高效性和未来运营的可靠性，设计上在楼梯梯段板与高、低端平台梁的连接处特别增加了丁腈软木橡胶片，用以减轻列车震动对梯段板的影响。

6.2.4　预制站台板结构由预制站台板和预制 π 形支墩组成。预制站台板的分块设计以及柱脚和底板的连接设计是预制站台板结构的关键环节。车站纵向宜按每 3 m 组成 1 个标准单元预制站台板考虑,每个标准单元由 5 个 π 形支墩和 8 块站台板构成,其横向总宽度为 12 m,平面布置如图 24 所示,剖面示意如图 25 所示。

邻近轨行区的 π 形支墩上预留电缆支架安装吊点,并在立柱对侧增加分隔板。分隔板与 π 形支墩在工厂一体预制,拼装完后将站台板与左右线轨行区隔断,避免串风。

为提高站台板结构的整体性,预制站台板拼装完后,在除屏蔽门的安装位置再浇筑 1 层约 50 mm 的现浇混凝土,内铺单层钢筋网片。

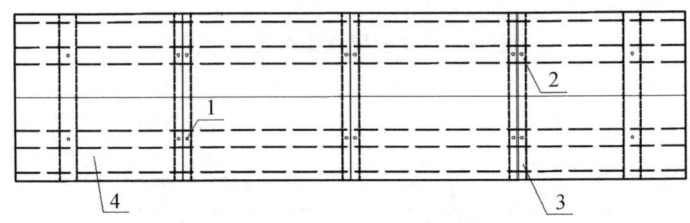

1—预留螺栓孔;2—π 形支墩;3—π 形梁;4—面板
图 24 标准单元预制站台板平面布置图

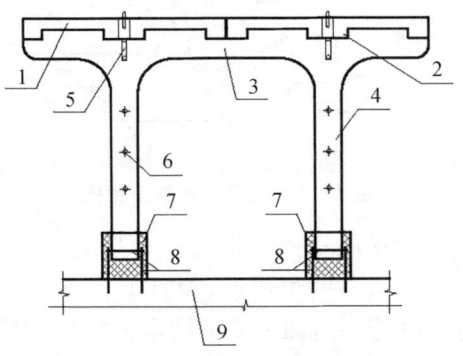

1—面板;2—肋梁;3—π 形梁;4—π 形支墩;5—预埋套筒;6—预留锚栓;
7—现浇混凝土;8—预埋插筋;9—底板
图 25 标准单元预制站台板剖面图

π形支墩柱脚与底板结构采用刚性连接，通过在底板上预埋或植入钢筋，再用横向钢筋穿过π形柱预留的孔洞，最后通过现浇混凝土块将π形柱固定在底板上，其中π形柱与底板预留100 mm的施工误差，避免了因底板的不平整而影响后续π形柱的安装。π形柱与底板连接节点详图如图26、图27所示。

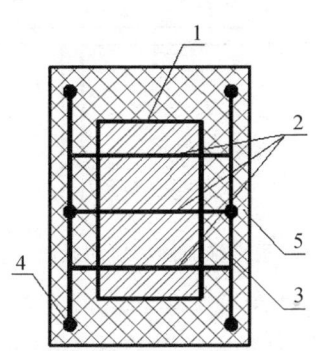

1—π形支墩；2—横向钢筋；3—架立筋；4—预留插筋；5—后浇混凝土
图26　π形柱与底板连接节点平面图

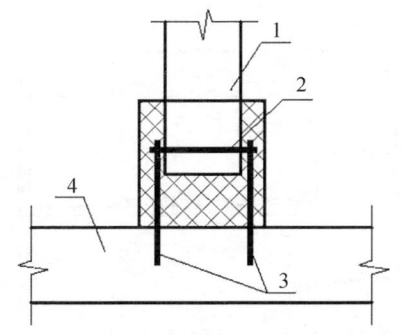

1—π形支墩；2—横向钢筋；3—预留插筋；4—底板
图27　π形柱与底板连接节点剖面图

π形支墩横梁与站台板采用柔性连接，站台板肋梁与π形横梁凹槽实现纵向卡扣连接，再通过螺栓将站台板中肋梁与π形横梁预留套筒相连，实现站台板与π形横梁的固定。

6.2.5 轨顶风道和车站中板作为整体预制构件同步施工,现场作业空间大,便于安装,同时可缩短工期和减少支架和模板,但单节重量较大,运输吊装较困难。可将中板设计为叠合板,预制风道作为中板的底模,安装就位后现浇中板上部混凝土形成整体。同步施工的预制轨顶风道剖面示意如图28所示。

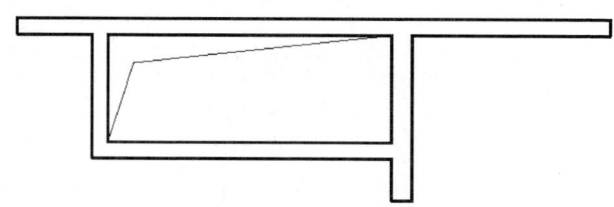

图28 同步施工预制轨顶风道示意图

若主体结构已完成再施工预制轨顶风道,需保证车站内有足够的吊装空间以及与中板连接节点和浇灌浆孔的施工质量。后期施工的预制轨顶风道剖面示意如图29所示。

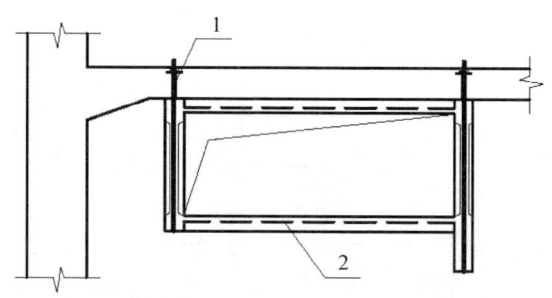

1—中板预留孔,后灌浆密实;2—轨顶风道
图29 后期施工预制轨顶风道示意图

6.2.7 预制构件为管线、设备及其吊挂配件预留的孔洞、沟槽宜选择对构件受力影响较小的部位,并应确保受力钢筋不受破坏。当条件受限无法满足上述要求时,应采取相应的加固处理措施。设计过程中设备专业应与土建专业密切沟通,防止遗漏,以避免

后期对预制构件凿剔。

6.2.8 静钻根植桩是一种采用了预制装配技术的绿色环保新型桩基,具有低噪声、无挤土、少排泥等优势,可应用于地下车站的桩基工程中。静钻根植桩最下节桩采用预制PHDC桩,可发挥竹节与水泥土的嵌固作用,使预制桩与桩端扩底部位共同工作,有效提高桩端抗压及抗拔性能。竹节凸起高度不应小于50 mm,竹节直径宜大于桩身直径的1.2倍,且扩底内竹节数量不应少于2个。上节桩及中段桩可根据抗压、抗拔、水平承载力的需求进行选配。抗压时,上节桩、中段桩可配置管桩或复合配筋桩;抗拔、受水平荷载作用时,上节桩宜采用复合配筋桩。

扩底是静钻根植桩提高承载力能力的重要措施,当持力层为较硬土层时,应进行桩端扩底。扩底尺寸可根据工程需要和持力层土性确定,扩底直径不大于钻孔直径的1.6倍时能够保证桩端水泥土均匀性并满足承载力要求,扩底构造如图30所示。根据现有静钻根植桩工程经验,钻孔直径宜比PHDC桩的节外径大100 mm。为使PHDC桩与扩大头水泥土有效嵌固而共同发挥承

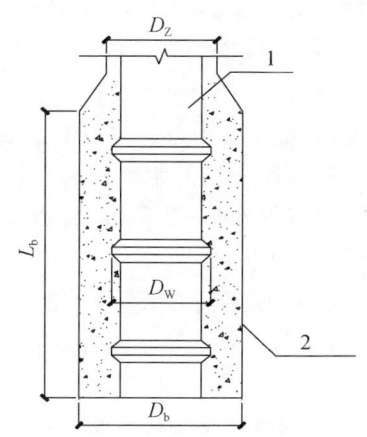

1—竹节桩;2—扩孔边界线;D_Z—钻孔直径;
D_W—桩节外径;D_b—扩底直径;L_b—扩底高度

图30 静钻根植桩扩底示意图

载作用，PHDC 桩进入扩底部位的长度不宜小于 1.5 m。

静钻根植桩用于抗拔时，可使用复合配筋桩及根据需要在管桩、竹节桩端板设置锚固钢筋，并配套以预埋孔预拼接的接桩工艺等施工措施，提高桩身及接头抗拔性能。当设计抗拔力较大时，可根据工程和设计要求，采用销钉式机械连接加焊接方式进行桩间连接，并进行销钉承载力验算，在不考虑焊接情况下，销钉的抗拔承载力设计值需大于设计承载力要求。

静钻根植桩抗拔承载力计算应取桩身与水泥土界面，按照地勘报告中的预制桩参数进行，其中竹节桩的侧阻力可按节外径计算。

6.2.9 地下结构侧墙采用单墙时，主体结构防水难以满足一级防水要求，可在主体结构侧墙内侧设置离壁沟或离壁墙，采取"防、排"相结合的防水措施。复合墙结构具备全包防水条件，使防水层形成连续封闭的防水体系。

6.3　施工与检测

6.3.1 深化设计应在预制构件生产前完成，且设计成果应经设计单位认可。施工单位应校核预制构件加工图纸，并对预制构件施工预留和预埋进行交底。

6.3.3 跨度小于 8 m 可采用 4 点起吊，跨度大于或等于 8 m 宜采用 8 点起吊，吊点位置距板边的距离宜为整板长的 1/5～1/4。

预制构件安装就位后应对安装位置、标高、垂直度进行调整，并应考虑安装偏差的累积影响。

6.3.4 预制拱板的堆放和运输涉及质量和安全要求，需按设计要求、工程和产品特点制定运输、堆放方案，对重点控制环节提出质量安全保证措施。

为保证预制拱板安装就位准确，吊装前应在预制拱板和相应的安装位置上做出必要的控制标志。

临时固定措施是装配式结构构件安装过程中承受施工荷载、

保证构件定位准确的有效措施。在预制构件安装就位后,需利用其相邻构件或临时支撑措施对其进行固定。临时支撑措施应能承受结构自重、施工荷载、风荷载、吊装就位产生的冲击荷载等作用,不得使结构构件产生永久变形。

临时支撑架体的拆除应严格按照施工方案执行。临时支撑架体拆除时,要检查支撑对象即预制拱板的连接情况,确认其已与主体结构形成稳定的受力体系后方可拆除临时支撑架体。

叠合拱板施工流程如图31所示。

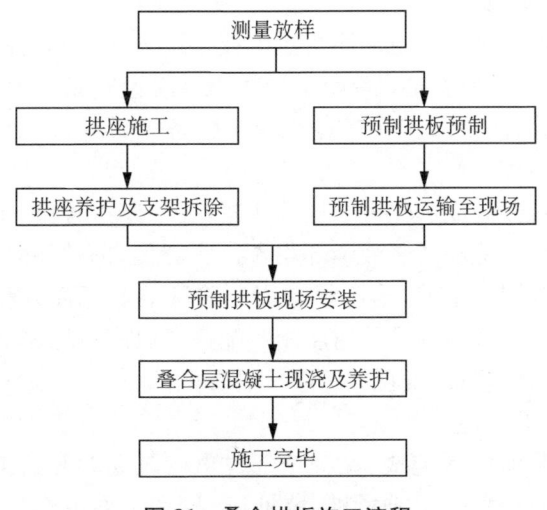

图31 叠合拱板施工流程

6.3.8 静钻根植桩的施工工序具体要求如下:

1 桩架就位

移动桩架到达作业位置,调整桩架垂直度偏差至1/200以内;桩架就位后对桩位再次进行定位复核,桩位偏差值不应大于20 mm。

2 钻孔、修孔操作

将钻头定位于桩心位置,确认平面位置及钻杆垂直度,垂直度允许偏差为 1/200；钻孔过程中，应根据地质情况边钻孔边注水，通过钻杆的搅拌作用使桩孔内土体分散形成比重为 1.4～1.7（流塑状态）的泥浆；钻孔至设计深度后，反复提升、下降钻杆进行桩孔的修整。

3 扩底操作

施工前应对扩底装置工作状况进行检查，检查内容包括扩底直径、操作控制状况、保养状况，确认正常后方可进行施工；扩底操作应根据地质情况逐次完成，以保证扩底部位成孔质量。

4 注浆液制作及注入

注浆液宜采用全自动注浆液搅拌系统进行拌制，拌制好的注浆液在自动计量后排入储浆桶，再由泥浆泵经过输浆管压送至钻杆内注浆孔；注浆液在输送过程中应配备流量计，以对注浆液的用量进行监控。

扩底操作完成后先进行桩端注浆，在注浆过程中，上、下反复升降钻机直至桩端注浆液全部注入扩底部位；桩端注浆液注入完成后注入桩周注浆液，为确保桩周注浆液的实际注入量，泵送速度应与搅拌下沉或提升的速度相匹配，根据提升钻杆的速度确认单位时间的供浆量，发现偏差应及时修正。

5 植桩

在注浆液注入完成、钻杆全部拔出后应立即开始植桩，以保证在注浆液初凝前完成植桩；植桩过程中，应采用检测尺对桩身进行定位，偏差超过 20 mm 时，应进行校正。

应采用专用工具将桩身固定、校正和送桩；送桩过程中应利用桩身自重及钻机提供的压力，将桩送至设计标高。

6 预埋孔接桩工艺

为提高施工效率、保证焊接质量，施工中可采用预埋孔接桩工艺，即在不影响钻孔施工的区域内埋设钢管，在钢管内进行两节或多节桩的焊接接桩，然后将拼接好的桩整体起吊，植入桩孔内；桩与桩之间采用焊接连接时，宜采用 CO_2 气体保护焊焊接。

静钻根植桩的施工流程如图32所示。

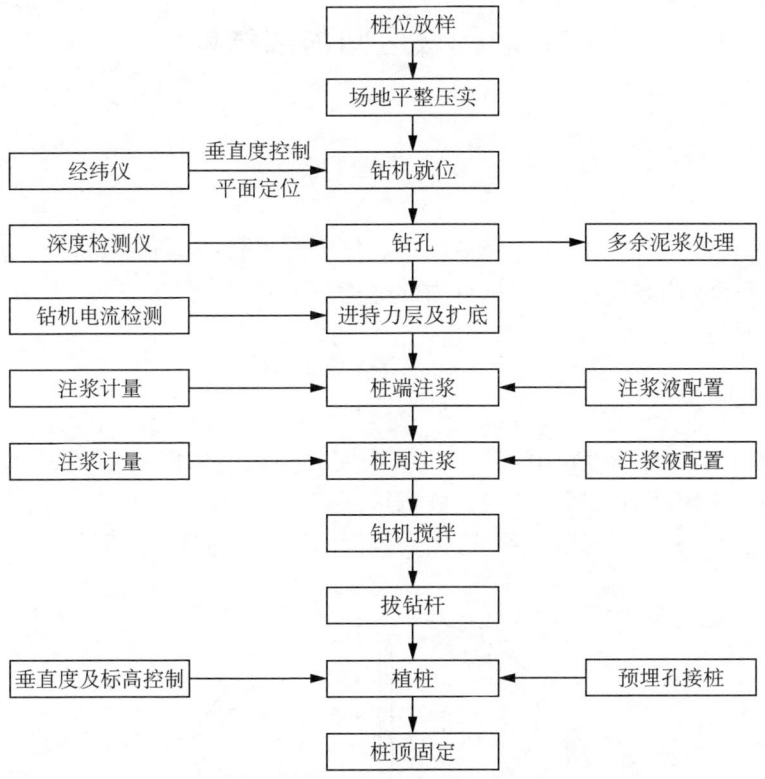

图32 静钻根植桩施工流程

7 盾构法区间内部结构

7.1 一般规定

7.1.3 地下区间宜在隧道稳定后复测隧道轴线、断面尺寸等,完成调线调坡设计后,再进行内部结构施工。

7.2 设 计

7.2.1 上海市轨道交通 16 号线大盾构区间横断面如图 33 所示;市域铁路机场联络线大盾构区间横断面如图 34 所示;上海市轨道交通 22 号线(崇明线)大盾构区间横断面如图 35 所示。

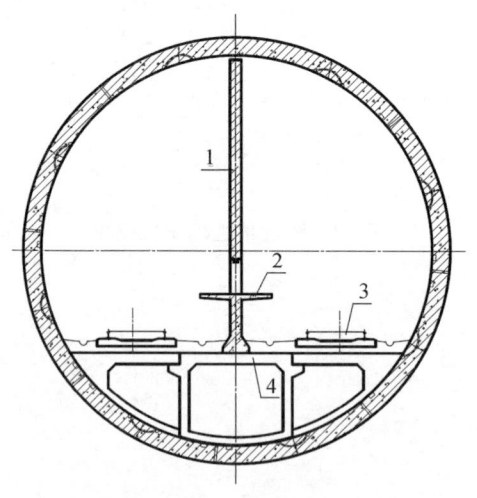

1—中隔墙;2—疏散平台板;3—轨道板;4—列车行车道板
图 33 上海市轨道交通 16 号线大盾构区间横断面图

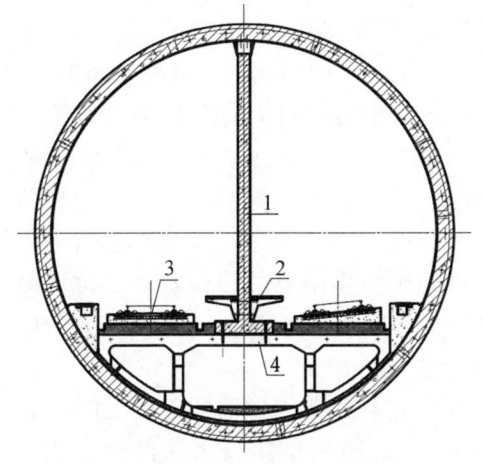

1—中隔墙；2—疏散平台板；3—轨道板；4—列车行车道板
图 34　市域铁路机场联络线大盾构区间横断面图

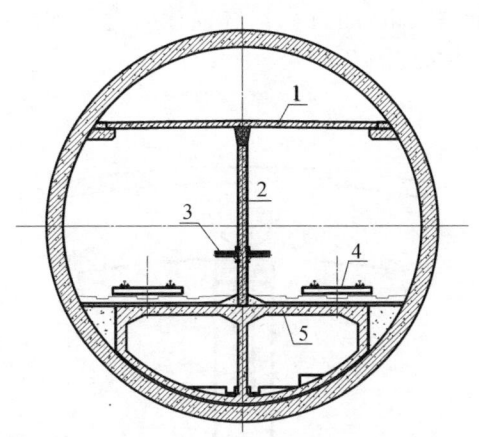

1—烟道板；2—中隔墙；3—疏散平台板；4—轨道板；5—列车行车道板
图 35　上海市轨道交通 22 号线(崇明线)大盾构区间横断面图

7.2.2　国内相关计算研究结果表明,空气动力学效应引起的隧道附加荷载会反复作用于隧道内部结构及其安装连接节点上,不容忽视。目前,上海大盾构区间包含内部结构的代表性轨道交通主要有:16号线(A型车,最高列车时速120 km,内径10.4 m,外径11.36 m)、22号线(市域A型车,最高列车时速120 km,内径11.9 m,外径13 m)、市域铁路机场联络线(市域C型车,最高列车时速160 km,内径12.5 m,外径13.6 m),均为单洞双线。根据现行行业标准《地铁快线设计标准》CJJ/T 298的相关规定,当最高列车时速120 km时,位于区间上、下行隧道之间的分隔结构应满足±3.5 kPa空气压力作用下的结构安全及抗疲劳强度;位于区间隧道内的其他结构和设施应满足±2 kPa空气压力作用下的结构安全及抗疲劳强度。

中隔墙与圆隧道衬砌节点做法的工程案例如下:

上海市轨道交通16号线主要采用两种方式,其一为管片内预留钢筋接驳器,中隔墙预留内灌黄油的金属帽,插入传力杆与接驳器连接,管片与中隔墙之间设置岩棉,如图36所示;其二为中隔墙顶部采用角钢,通过后扩底锚栓与管片连接,管片与中隔墙之间设置岩棉,如图37所示。

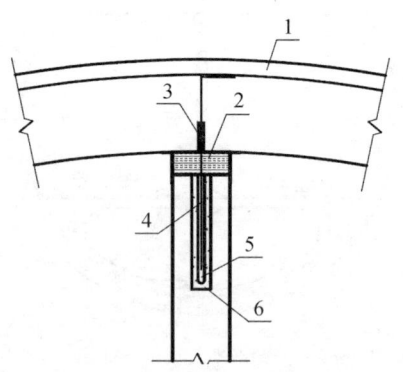

1—管片;2—岩棉;3—钢筋接驳器;
4—传力杆;5—金属帽,内灌黄油;6—空隙填实

图36 上海市轨道交通16号线区间隧道中隔墙与衬砌节点示意图(方式一)

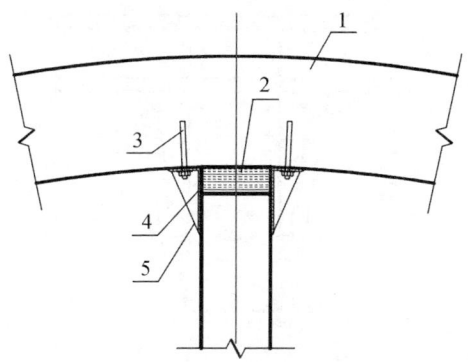

1—管片;2—岩棉;3—后扩底锚栓;4—角钢;5—加劲板
图 37　上海市轨道交通 16 号线区间隧道中隔墙与衬砌节点示意图(方式二)

机场联络线采用拱顶管片后植螺杆,中隔墙顶部固定弧形钢构件,纵向安装预制钢筋笼,待管片变形稳定后填充混凝土,后浇混凝土与管片之间设置 EVA 海绵垫,如图 38 所示。

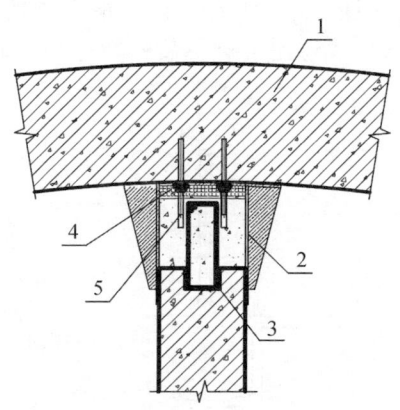

1—管片;2—钢构件;3—预制钢筋笼;4—EVA 海绵垫;5—锚栓
图 38　机场联络线区间隧道中隔墙与衬砌节点示意图

上海市轨道交通 22 号线(崇明线)预制中隔墙与预制烟道板连接,烟道板底部、中隔墙顶部预留钢筋接驳器,两者之间现浇纵梁,预制烟道板简支于现浇牛腿之上,如图 39 所示。

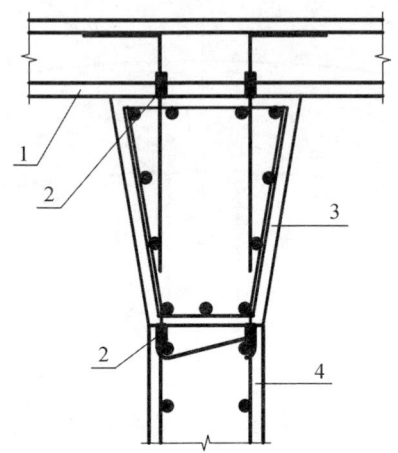

1—烟道板;2—钢筋接驳器;3—现浇纵梁;4—中隔墙

图39 上海市轨道交通22号线(崇明线)区间隧道中隔墙与衬砌节点示意图

7.2.9 中隔墙与列车行车道板节点做法的工程案例有：

上海市轨道交通16号线列车行车道板预留钢筋接驳器,先实施T形现浇段,中隔墙吊装到位后再后浇与T形现浇段连接区段,如图40所示。

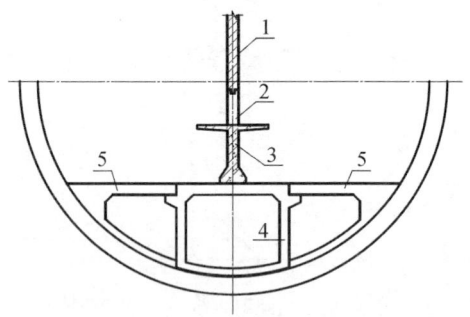

1—中隔墙;2—后浇段;3—T形现浇段;4—预制构件;5—现浇结构板

图40 上海市轨道交通16号线中隔墙与列车行车道板连接节点示意图

机场联络线预制中隔墙与列车行车道板采用螺栓连接,待螺栓安装完成后采用自密实高强水泥基灌浆填充螺栓孔内的缝隙以及中隔墙与列车行车道板间缝隙,如图41所示。

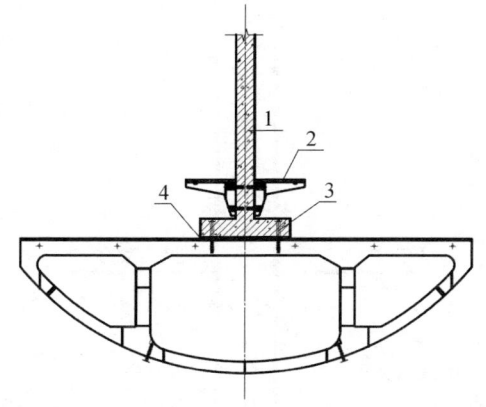

1—中隔墙;2—疏散平台板;3—螺栓;4—自密实高强水泥基灌浆
图41 机场联络线中隔墙与列车行车道板连接节点示意图

上海市轨道交通22号线(崇明线)采用预制中隔墙预留限位孔插入传力杆,并填充砂浆与找平层混凝土连接,如图42所示。

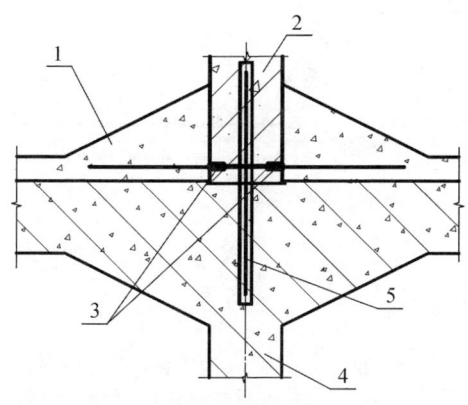

1—现浇找平层;2—中隔墙;3—钢筋接驳器;4—弓形件;5—传力杆
图42 上海市轨道交通22号线(崇明线)中隔墙与列车行车道板连接节点示意图

7.2.10 疏散平台板与中隔墙连接节点的做法如图43所示;疏

散平台板与衬砌连接节点的做法如图44所示。

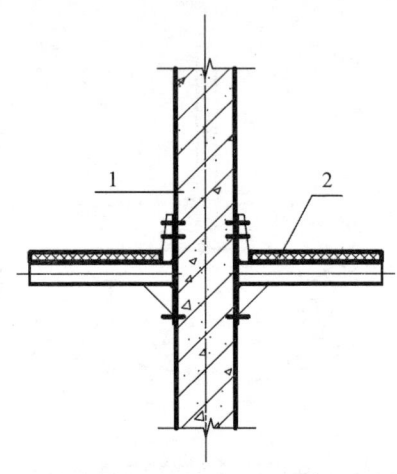

1—中隔墙；2—疏散平台板
图43 疏散平台板与中隔墙连接节点示意图

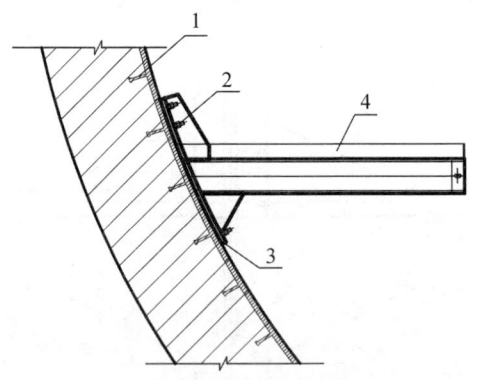

1—管片内滑槽；2—螺栓；3—连接钢板；4—疏散平台板
图44 疏散平台板与衬砌连接节点示意图

7.2.12 预制轨道板可采用非预应力钢筋混凝土结构和预应力钢筋混凝土结构，应根据具体应用环境和条件选择。轨道板长度一般为3 m～6 m，设置时应尽量统一结构板型，方便施工和运营养护。轨道板宽度应根据扣件类型、承轨台尺寸、排水沟预留、运输条件等方面因素综合确定，且不宜大于 2.5 m。轨道板厚度应根据轨道结构预留高度、减振需求等方面因素综合确定，且不宜小于 200 mm。

7.3 施工与检测

7.3.2 烟道板属于薄壁板材构件，倒置平放容易引起变形开裂，宜采用支架直立存放。

7.3.3 中隔墙拼装机主要由主架总成、抓取机构、伸缩机构、旋转机构、平移机构、液压及电控系统、工作平台等部分组成；施工安装时完成抓取、起吊、转向及拼装等动作。

7.3.5 预制列车行车道板体积和质量大，吊装运输要求高，有限空间内安装精度要求高、难度大，安装质量直接影响中隔墙的安装。因此，宜采用安装机进行辅助安装。安装机主要由主机架、副机架、微调平台、液压系统及智能控制系统等部分组成。

7.3.6 线下工程指轨道结构范围以下的土建工程。由于装配式轨道结构是板式轨道结构，对线下基础高程和线下基础沉降的影响比较敏感，装配式轨道安装高度不足或者安装后出现基础变形对轨道结构整体稳定性都有显著影响，故需要重视线下工程的交接。

轨道板的铺设包含轨道板运输、轨道板吊运、控制网测设、轨道板精确定位、板下填充层灌注等施工作业。

8 连续沉井法

8.1 一般规定

8.1.1 连续沉井法主要适用于平面形状较为规则、狭长形的轨道交通地下车站主体结构。地下车站附属结构受建筑布置、周边环境条件等影响，平面形状、大小各异，不利于采用模块化沉井施工。同时附属结构基坑开挖深度较浅，采用沉井法经济性也不明显。

沉井段指车站主体中通过沉井法实施的区段，连接段则指衔接相邻沉井段之间的区段。典型的连续沉井法地下车站平面布置示意如图 45 所示。

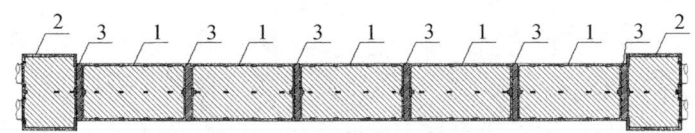

1—沉井段(标准段)；2—沉井段(工作井)；3—连接段

图 45　连续沉井法地下车站区段示意图

相较于明挖顺作法，连续沉井法具有无需抽降承压水、支护结构与永久结构永临结合两大特点，尤其适合下列情况：

1) 场地内承压含水层互相连通，施工中难以对承压水有效隔断，且周边环境保护要求高；
2) 超深狭长形基坑，需要设置超长地下连续墙、数量众多的临时支撑及大体量地基加固，基坑支护造价高。

8.1.2 软土地区的传统沉井法一般用于建造单体式地下建(构)筑物，且周边环境条件宽松，因此，对施工偏差及环境影响的控制要求并不严格。

当各个沉井连续贯通形成狭长形的轨道交通地下车站时,为满足结构纵向平顺衔接的需要,沉井施工偏差控制要求显著高于普通单体沉井。同时,轨道交通地下车站施工场地通常位于道路红线范围内,紧邻重要市政管线或建(构)筑物等保护对象,应将施工期间对周边环境的影响约束在安全范围内。

因此,连续沉井法的核心工艺包括压入式下沉、不排水开挖和信息化施工,确保施工偏差和环境影响的控制效果。

8.1.3 沉井工程环境保护等级的划分需要考虑环境保护对象的重要性程度和环境保护对象与沉井外边线之间的距离。保护对象与沉井井壁的净距 S 应按沉井井壁与保护对象地下部分(对建筑物指基础结构)的最小净距计算。

环境保护对象的重要性程度主要考虑两类:一类是重要性程度非常高,如优秀历史建筑,有精密仪器与设备的厂房,采用天然地基或短桩基础的医院、学校和住宅等重要建筑物,轨道交通设施、隧道、防汛墙、原水管、自来水总管、燃气总管、输油管、共同沟等重要建(构)筑物或设施,其损坏往往会对社会生活产生巨大的影响和经济损失;另一类是重要性程度较高,如较重要的自来水管、燃气管、污水管等市政管线,采用天然地基或短桩基础的建筑物等,其损坏往往会对人们的生活产生一定程度的影响和经济损失。

根据已有工程案例及数值分析结果,沉井下沉施工引起的地表沉降分布模式呈抛物线形态,地表沉降曲线通常存在两个显著的沉降分界点:$0.75H$ 和 $2H$(H 为沉井下沉深度)。地表影响分区结合上述两个分界点进行划分,$0\sim 0.75H$ 为强烈影响区,$0.75H\sim 2H$ 为显著影响区。另外,考虑到实际情况的复杂性,再将 $3H$ 也作为沉降分界点,$2H\sim 3H$ 为一般影响区。因此,以上述分界点作为保护对象与车站主体距离的分段依据。

由于压入式下沉工艺的采用,沉井下沉时的周边地表沉降控制水平已与明挖法基坑相当,故各级环境保护等级的最大沉降控制指标参考了现行上海市工程建设规范《城市轨道交通设计规范》DG/TJ 08—109 和《市域铁路设计标准》DG/TJ 08—2435 的有关规定。

8.1.4 为保障运营期间轨道结构的平顺性,地下车站主体内不应设置变形缝,因此连续沉井法车站的各单体沉井之间应采用刚性连接。主体结构与附属结构之间,由于结构埋深与形式有显著不同,故宜采用柔性连接方式。若选用桩基、地基加固等方式能有效控制主体和附属的差异沉降,也可采用刚性连接方式。

8.2 设 计

8.2.2 本条所述长宽比是指矩形沉井结构平面长边长度与短边长度之比,高宽比则指矩形沉井结构总高度与平面短边长度之比。长宽比不宜大于 2 的限定,主要是考虑沉井空间刚度和满足沉井下沉稳定控制的需要。在有经验时可放宽,但应有相应的构造和施工措施。沉井高宽比不宜大于 2.5,若不满足要求,可考虑采用分段制作、多次下沉的方法,降低地面以上沉井的高度。

8.2.3 对于连续沉井法车站,纵横向框架与井壁均需要在地面上提前制作。下沉施工阶段,纵横向框架梁兼作沉井结构的内支撑,框架柱则兼作内支撑的立柱。柱网布置时应尽量避免单、双柱转换,宜按照"柱网对齐、一柱到底"的原则,站台宽度较小时,可全部采用单柱;站台宽度较大时,可全部采用双柱。纵向柱网对齐、横向孔洞对齐,可使纵横框架梁、柱对齐,传力更为直接、明确。

车站范围内按照平坡设计,可以显著降低沉井施工难度,更利于控制施工偏差。

8.2.4 采用连续沉井法修建地下车站时,主要构件均为永临结合。其中,井壁下沉阶段作为开挖支护,永久阶段作为车站侧墙;沉井内部隔墙的刃脚在下沉阶段作为保持沉井底部稳定的水平支撑墙以及刺入开挖面的贯入墙,永久阶段作为底板梁;纵横向框架结构下沉阶段是混凝土内支撑,永久阶段作为车站梁柱;沉井外侧桩基,下沉阶段作为压入式工艺所需的下压力施加、沉井姿态控制的反力锚固端,永久阶段作为抗浮及沉降控制桩。

8.2.5 本条第 2 款所述的偏载包括沉井不同边界处地面超载或压沉系统加载差异、因沉井发生偏向变形引起土压力变化的工况。

对软土地基上设有底梁的沉井,下沉时考虑到底梁的切土作用或利用底梁作为防止突沉措施时,对底梁应进行下沉阶段的强度验算。梁下的地基反力设计值可取地基土极限承载力。

沉井下沉过程中的姿态倾斜、基底土的不对称开挖等会造成框架结构的附加应力,当引发的差异变形较大时,可能会对结构造成不可逆的损伤。框架结构设计时,应结合下沉工况,根据结构构件实际承载能力复核差异变形容许值,并将其作为施工过程动态监控的极限值严格控制。

8.2.6 沉井接高及下沉应根据结构分节、地质条件以及下沉工况,分别进行设计计算。

沉井分节制作时,上节井壁混凝土的收缩与下节不一致,须采取适当措施予以控制。措施包括设后浇带、采用补偿收缩混凝土和增加水平钢筋等。

8.2.7 在确定下沉系数时,既要尽可能依靠沉井自重下沉,又要防止结构超沉、突沉。当下沉系数偏小时,可依次考虑压沉系统加大助沉压力、挖除底贯入墙或刃角下土体,满足下沉要求。若计算有可能突沉时,可采取井内留土、灌砂等增加侧壁摩阻力的措施保证稳定性。

相对单体式沉井,由于连续沉井法地下车站对各沉井施工偏差控制要求更高,需要避免发生突沉,因此要求必须保留土塞,严禁完全掏空刃脚。

压沉工艺包含了压入式下沉的特点,压入系统的加载值、加载分布、加载时序可结合工程需要分阶段灵活设置,以满足沉井各阶段下沉的速度和精度要求。

采用连续沉井法施工的地下车站,沉井下沉深度一般都超过20 m,井壁总摩阻力较大,井壁的减摩设计是保证沉井结构能顺利下沉的重要内容,可选用泥浆套减阻或空气幕减阻。

8.2.8 根据现行上海市工程建设规范《地基基础设计标准》DGJ 08—11中的有关规定,沉井封底的最小厚度要求为900 mm。考虑到轨道交通地下车站工程规模、开挖深度均较大,安全性要求更高,为提高安全储备,对沉井封底混凝土的最小厚度宜适当放大。

对于轨道交通工程而言,结构跨度大、底板埋置深、封底混凝土用量较大,从工程经济的角度,不宜仅作临时措施使用。因此,采用连续沉井法施工地下车站时,封底混凝土宜与底板可靠连接,使用阶段参与主体结构抗浮,节省建材消耗,降低工程投资。

封底混凝土板在边缘处剪力较大,考虑到素混凝土强度较低,平面尺寸较大的板应进行冲剪验算。

8.2.9 待各单体沉井下沉结束后,连接段结构方可施工。连接段施工时承受的水土压力主要为沿车站横向的窄条范围,支护结构可利用已施工沉井侧墙作为受力支点,采用横列板支护挡土。以市域铁路枫南线曹庄站为例,连接段的横列板支护如图46、图47所示。

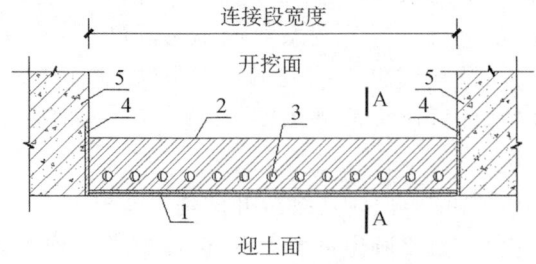

1—封堵横列板;2—丁字梁;3—钢板穿筋孔;
4—沉井壁预埋钢板;5—已施工沉井侧壁

图46 连接段横列板支护平面示意图

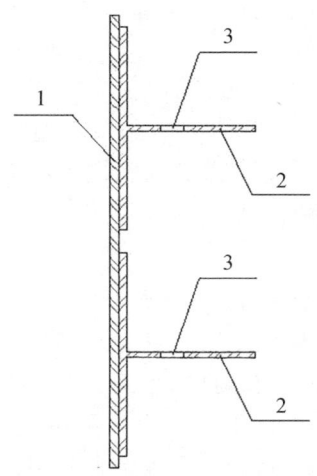

1—封堵横列板;2—丁字梁;3—钢板穿筋孔
图47 连接段横列板支护 A—A 剖面图

当连接段较宽或基坑开挖深度较大时,横列板构件承载力难以满足要求,也可选用钻孔灌注桩、地下连续墙等板式支护体系,围护结构按明挖顺作法实施。

8.2.10 沉井封底阶段,即封底混凝土已达到设计强度且井内水体已被抽除的工况。结构贯通阶段,即连接段与相邻沉井已实现贯通但尚未完成顶板覆土的工况。正常使用阶段,即整个车站主体完成覆土回填后的施工完成工况。

沉井封底、结构贯通阶段均为临时工况,抗浮系数取 1.05 能保证施工阶段沉井抗浮稳定要求。

8.2.11 沉井封底前,该桩基为压沉系统的助沉压力加载提供抗拔反力,同时兼作控制周边土层水平变形的隔离桩;沉井完成封底且结构连成整体后,该桩基作为沉井结构抗浮桩及车站纵向不均匀沉降控制桩。

抗拔桩应均匀布置在沉井周围,保证压沉反力系统与沉井下沉阻力的受力中心一致,确保压沉系统和沉井受力均匀。当沉井作为盾构工作井时，抗拔桩不得设置在盾构进出洞范围内，且应保持足够的安全距离。

桩基与沉井之间的距离越大，桩周土体受沉井下沉扰动影响越小，对桩基承载效果越好，但压沉系统加载点处的牛腿外伸长度增加，相关钢构件及侧墙顶部加载柱等构件的截面尺寸及施工安全风险均增加，对施工场地需求也相应增大，故应综合考虑安全性与经济性的平衡。

桩间距除与地质条件、受力需求有关外，对于连续沉井法地下车站，尚与沉井纠偏效果有关，一般不宜大于 7 m，过大的桩间距不利于下沉阶段的姿态调整。

上海地区土质较软，沉井下沉过程中周边土体受到扰动，抗拔桩的侧摩阻力容易损失，因此宜优先采用扩底灌注桩。考虑到沉井外侧桩基与井壁间距离较近，井壁摩阻力、桩侧摩阻力应结合所在场地地质条件作适当折减，以策安全。

8.2.13 沉井与周围环境是一个相互作用的系统，有限元方法能够考虑沉井下沉过程中复杂的因素，如土的分层情况和土的性质、沉井下沉和井内取土的施工过程以及周边建（构）筑物存在的影响等。随着有限元技术、计算机软硬件和土体本构关系的发展，有限元法在沉井的应用中取得了长足的进步，从而为需要考虑环境影响的沉井设计提供了重要的分析手段，因此建议使用有限元分析方法进行预估分析，并作一些原则性的规定。

1 三维分析

对于沉井这种空间性较强的结构形式，以及周边环境较为复杂的情况，要想更全面地掌握沉井下沉过程中对周边环境的影响，宜采用考虑土与沉井共同作用的三维整体有限元分析方法。

2 边界条件及全过程模拟

沉井下沉涉及沉井贯入、井内取土、混凝土封底等复杂过程，要准确地分析沉井的变形和受力情况以及沉井下沉对周边环境的影响，必须合理地模拟沉井的实际施工工况。因此，在建模时需综合考虑土层的分层情况、周边建（构）筑物的存在、沉井下沉及取土的施工顺序等。宜根据软件所具备的功能采用适合的方法模拟取土过程，并采用分步计算功能来模拟具体的施工工况。

当沉井的平面尺寸、土层条件、施工工况等对称时，可考虑利用对称性建模，此时对称面上应采用约束水平位移的边界条件。模型的下边界和侧向边界条件也需要按规定设置。模型的下边界延伸的深度主要根据地层条件决定，当下部有坚硬的土层时，则可将该土层作为模型的下边界。由于土的刚度随着深度的增加而增大，因此一般而言，只要下边界不是过于靠近沉井的底部，其对计算结果的影响就相对较小，下边界选用约束竖向位移或同时约束水平和竖向位移的边界条件均可。侧向边界应考虑设置足够大的距离以消除边界效应，侧向边界一般可采用约束水平位移的边界条件。

3 本构模型、计算参数及分析方法

数值分析中的一个关键问题是要采用合适的土体本构模型。区别于一般建筑材料，土体的应力-应变关系在全应变范畴（即从小应变 10^{-5} 至 10^{-3} 量级到大应变 10^{-3} 以上量级）都具有显著的非线性、应力水平相关性，同时因应力路径不同而变化。考虑土体全应变范畴路径相关非线性的本构模型对沉井的环境影响数值模拟可发挥显著作用（沉井邻近区域土体应变较大，而远离沉井区域土体应变较小），可选用基于 Overlay 弹性方法（Benz 等，2009）的硬化土小应变模型（HS-Small）或基于颗粒间应变 intergranular-strain（IGS）的弹塑性模型（Shi 和 Huang，2020）。

数值分析结果的合理性在很大程度上取决于所采用的计算参数。沉井现场的土体应采用合适的本构模型进行模拟，并且能根据室内试验和原位测试等手段给出合理的参数。必要时，也可采用反分析方法确定有关计算参数。当所采用的土体本构模型参数较多时，可反算那些无法直接从试验中得到或者是无法合理估计的参数。当沉井附近具有相同的地质条件、类似的施工方式和施工工况且已经完成的沉井基础时,可采用其实测资料来进行反分析,然后将得到的参数用于本工程的模拟。也可根据沉井初期工况的实测资料来进行反分析,得到参数后用来预估后续工况的变形。

考虑到实际工程会应用抽水开挖与不抽水开挖两种井内取土方式,数值分析中宜对两种情况进行区分考虑:针对抽水取土情况,应选择有效应力模拟或总应力模拟;针对不抽水取土情况,应选择有效应力模拟。沉井井壁较厚,与其几何尺寸相比较不可忽略,因此宜采用实体单元进行模拟。

4　接触面的设置

沉井下沉施工中,沉井侧壁与土体存在相互作用。沉井侧壁与土体的接触面性质对沉井的变形和内力、井外土体的沉降和沉降影响范围、井底土体的回弹以及沉井下沉对周围建(构)筑物的影响等均会产生一定程度上的影响。实际工程中,会在井壁与土体之间采用减阻泥浆辅助下沉。在沉井的有限元分析中,应根据工程经验选择合适的摩擦系数,以模拟泥浆减阻效应。

5　初始地应力场的模拟

当沉井周边存在已有的结构如隧道、地下室、桩基或浅基础时,这些结构的存在会引起初始地应力场的改变。在沉井施工之前,这些既有结构就已经引起了土体的加载或卸载过程,因而在对沉井下沉过程进行分析时,必须考虑这些既有结构对初始地应力场的影响。正确模拟既有周边环境对初始地应力场影响,对于分析沉井本身的变形以及对周边环境的影响具有重要的意义。

由于数值模拟的复杂性使得其易导致不合理的分析结果,因此利用数值方法进行环境影响分析时,宜将计算结果与其他方法(如经验方法)进行相互校核,以确认分析结果的合理性。

8.3 施工与检测

8.3.2 采用连续沉井法施工的地下车站,沉井段和连接段的施工顺序如图 48 所示。

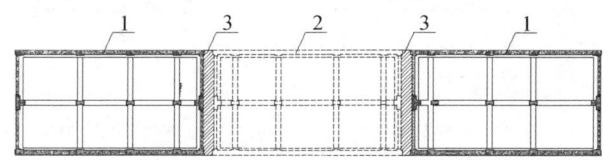

1—奇数编号沉井;2—偶数编号沉井;3—连接段
图 48 连续沉井法总体施工顺序

8.3.5 地下车站主体结构部分侧壁后期需打开与附属结构贯通,因此单侧井壁需设置大范围轻量化预制构件,造成沉井自重存在显著偏载。为降低沉井下沉姿态的控制难度,应在沉井结构制作阶段采取临时平衡措施。

接高制作时,会引起自沉。自沉量根据经验预估,一般为 300 mm~500 mm。

不排水下沉工艺需要水下挖土施工,梁、板结构内的预留钢筋若采用外露插筋形式,将极大影响施工效率,也不利于钢筋的防锈保护。因此,要求采用钢筋接驳器形式。

8.3.6 反力地锚可利用沉井外侧的抗浮桩基设置,锚固端可预埋在桩基顶圈梁内,并与其同步浇筑。当采用抗拔桩作为压沉反力系统时,桩的中心位置应与穿心千斤顶中心位置重合。

8.3.7 压入式沉井的下沉原则是"先压沉、后取土",即先实施压入动作,达到设定顶进系统顶力上限后再实施挖土。通常选用抓斗、水力吸泥机或水力冲射空气吸泥机等设备在水下挖土。不排水下沉中,应监测和控制水位、井底开挖尺寸、下沉量和速度以稳定井底,防止突沉并控制终沉。

为便于控制沉井的下沉姿态,在沉井下沉阶段,施工单位应尽量保证沉井两侧荷载条件一致,包括覆土厚度、堆放场地、施工便道等。

控制下沉姿态的措施为:压入过程中对各个下压点顶进油缸应进行行程监测,并对结构压入进尺进行测量,及时调整各个下压点的下压力。

通常,沉井下沉到距离设计标高 2 m 时,应放慢下沉速度。为使沉井结构满足使用要求,沉井的下沉深度应有一定的预留量,可根据地层情况进行确定。在接近下沉标高 500 mm 时,在软土地层中可预留 50 mm～100 mm,在砂土地层中可预留 30 mm～50 mm。

8.3.8 当基底为软土层时,沉井封底前应清除井底浮泥,修整锅底,铺填碎石垫层。水下封底混凝土应在沉井全部底面积上分仓连续浇筑。当封底水下混凝土达到设计强度后,方可抽除沉井内水体,抽水时不宜多泵急抽。封底结束后,应对底板与井壁接缝处防水进行检验,防水标准应符合现行国家标准《地下防水工程施工质量验收规范》GB 50208 的有关规定。

8.3.9 沉井段贯通范围内的预制构件一般为竖列布置的条形构件。拆除过程中,若割除端部固定措施后任由预制构件直接倒伏在既有楼板上,撞击力可能对既有楼板及预制构件造成破坏,故应严格禁止。

9 矩形顶管法

9.1 一般规定

9.1.1 顶管法是软土地区一种成熟的暗挖工艺,也是典型的预制装配施工技术。相对于圆形断面而言,矩形断面顶管在空间利用率上具有显著优势。因此,在同等断面条件下,矩形顶管可实现更大的有效通行宽度和更少的覆土厚度,不仅更便于在地下管线及既有地下建(构)筑物较多的中心城区暗挖施工地下通道,还可有效降低工程造价。

近年来,上海地区矩形顶管技术得到了飞速发展,应用场景不断扩展。上海市轨道交通14号线静安寺站主体结构局部采用矩形顶管法建设,其中站台层由两个并行的 9.9 m×8.7 m 钢顶管形成,站厅层由一个 9.5 m×4.9 m 混凝土顶管形成。车站典型断面如图49所示。

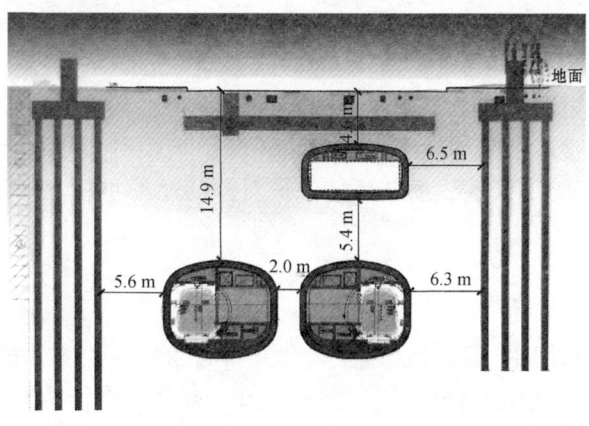

图49 上海市轨道交通14号线静安寺站顶管段剖面图

此外,顶管法在地铁出入口建设中也有不少应用案例。上海市轨道交通 10 号线伊犁路站 3 号出入口采用矩形顶管法建设,顶管断面 6.9 m×4.2 m,如图 50 所示。

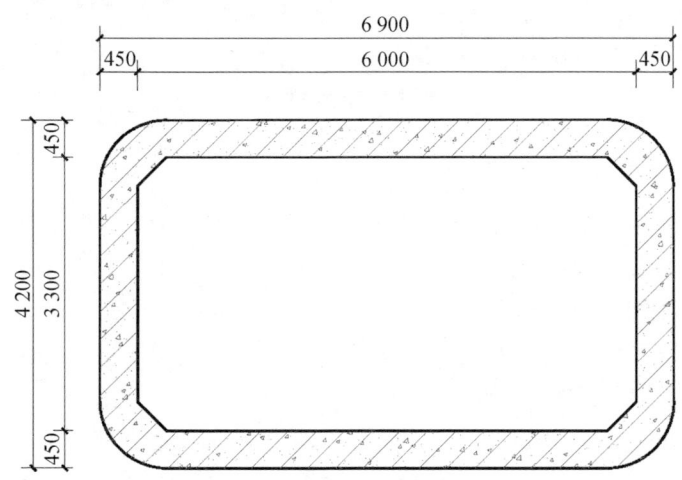

图 50 上海市轨道交通 10 号线伊犁路站 3 号出入口剖面图(mm)

除上述工程实例外,上海市轨道交通已建的其他顶管出入口断面还有两类:一类是 3.8 m×3.8 m,如 2 号线陆家嘴站 3 号出入口等,一般为并排设置的双顶管;另一类是 6 m×4 m,如 6 号线龙阳路站 4 号出入口等,一般为单顶管。

9.1.2 矩形顶管工程所考虑的工程地质和水文地质主要包括地层粒径、渗透系数和地下水压力。环境影响控制要求主要为环境保护对象的重要性程度和环境保护对象与矩形顶管之间的距离。

9.2 设 计

9.2.2 采用矩形顶管法施工的地下车站,车站主体一般由两端的明挖段和中部的顶管段组成。其中,明挖段将作为顶管始发、接收工作井使用。以上海市轨道交通 14 号线静安寺站为例,车站主体总平面布置如图 51 所示。

图 51　上海市轨道交通 14 号线静安寺站主体总平面布置示意图

当顶管段采用钢管节时,钢管管壁厚度宜根据设计年限及耐久性需要,增加不小于 2 mm 的腐蚀性厚度;同时为满足消防对结构构件耐火极限的要求,宜设置钢筋混凝土内衬。

当车站为地下二层时,由于站台层、站厅层在竖向间距较近,而目前矩形顶管技术尚无法实现上、下层叠交圈断面的先后掘进,因此顶管段站厅层不连通,可利用顶管段两端的工作井及明挖段形成分离式的端厅。当车站为地下三层或更深时,站台层、站厅层之间有足够的安全距离,顶管段站厅可采用矩形顶管法实现贯通。

9.2.3　当顶管段属于车站主体的一部分时,宜根据车站纵坡的建筑设计要求,统一坡度,便于车站内部的排水收集和建筑集约化布置。当顶管用于出入口通道时,从通道的使用功能、矩形顶管施工工艺等因素考虑,不宜采用较大的纵坡。

9.2.4　矩形顶管覆土厚度要求主要是为了减少地面沉降或隆起,同时也有施工安全方面考虑,当最小覆土层厚度不满足此规定时,需要做专项论证。此外,还明确了矩形顶管穿越河道应布设在河流冲刷线和规划河底以下,结构内力和抗浮应满足施工和运营工况要求。

9.2.5 采用矩形顶管法的地下车站一般位于交通繁忙的中心城区,当矩形顶管用于车站主体时,由于构件尺寸大、重量重,混凝土管节现场吊装和运输均十分困难,也很难有足够场地进行现场预制,故更适宜选用轻薄的钢管节或复合管节。

复合管节在施工阶段为钢管节,顶管贯通后在内部浇筑混凝土内衬形成组合结构,可增强管节防水性能,提高管节整体刚性。

出入口通道宜采用传统的混凝土管节形式,可加快施工效率,并保证管节耐久性。

9.2.6 当深覆土或断面面积较大时,矩形顶管侧壁有显著外扩趋势,整个断面呈现"横鸭蛋"的变形形态,由此产生的地层水平抗力在计算中应予以考虑,可以有效改善管节的受力状态,使设计成果更为经济合理。矩形顶管计算简图如图 52 所示。

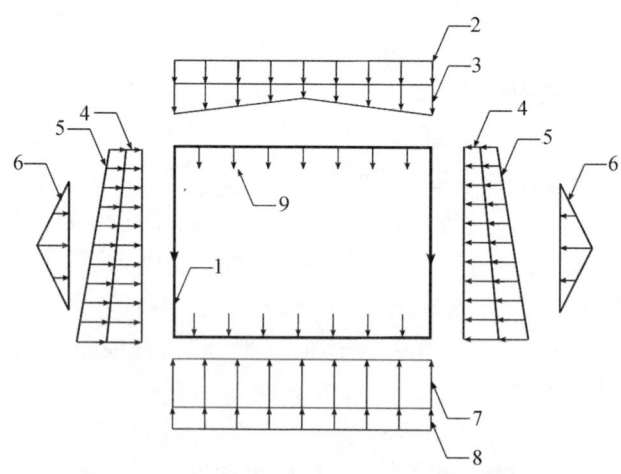

1—顶管管片自重;2—竖向水压力;3—竖向土压力及地面超载;4—侧向土压力;
5—侧向水压力;6—地层水平抗力;7—竖向水土压力引起的地层反力;
8—管片自重引起的地层反力;9—管节自重

图 52 矩形顶管计算简图

矩形顶管顶部竖向土压力可结合实际情况计算。当覆土厚度不大于2倍矩形顶管外轮廓宽度时,可按顶面全土柱重量简化计算。

9.2.7 大断面顶管所需的顶力较大,尤其是大断面矩形顶管用于车站主体施工时,纵向长度大,采用钢管节时应注意避免施工阶段管节屈曲。

9.2.8 管节的尺寸及重量不应过大。在构件设计阶段应考虑管节在吊装及运输过程中受到的车辆、设备、安全、交通等因素的限制,并根据限制条件综合确定。

当管节运输、吊装场地受限时,可对管节进行横向分块。分块位置应避开管节受力较大部位,沿顶管轴线方向相邻管节的分块缝应相互错开不小于300 mm。

9.2.10 基于现行上海市工程建设标准《地基基础设计标准》DGJ 08—11圆形顶管顶推阻力公式,结合矩形顶管断面特点,推导得到本条矩形顶管的顶推阻力公式。总顶推阻力估算与实际施工顶推阻力有一定的误差,与土层情况和施工技术水平等有关。在轨道交通工程中,矩形断面顶管因其断面尺寸远大于圆形管道,沿顶管竖向尺寸方向的土压力变化不可忽略。在计算顶管机的迎面阻力时,合力点位置按管节高度中心位置取值。

9.2.11 洞口土体加固对矩形顶管的施工安全有重要作用,主要是确保开洞时土体具有一定的强度和抗渗透性,防止土体和地下水涌入井内。始发与接收洞口土体加固的范围宜为离洞口正前方4 m~6 m,上下左右各3 m~4 m。开洞前,土体加固应进行检测,以确认其加固效果。

土体加固的施工方法中,三轴搅拌桩成桩质量均匀且造价经济,当加固深度不超过20 m时,可优先选用。数字化微扰动搅拌桩(DMP)施工设备采用四个搅拌轴设计,相较于三轴搅拌桩,其搭接数量减少。这一设计不仅减少了水泥用量,缩短了施工周期,而且通过数字化控制系统,可以更精确地控制桩体的垂直度,从而减少对环境的影响。渠式切割水泥土搅拌墙(TRD)、铣削深搅水泥土搅拌墙(CSM)可实现等厚度水泥土连续搅拌墙,止水效果好,施工效率高。当顶管工作井外侧受原位保护市政管线限制,无法采用上述水泥系搅拌加固方式时,可选用全方位高压喷射注浆(MJS)、超高压喷射注浆(RJP 或 N-Jet)。

  泡沫混凝土是以水泥为主要胶凝材料,并在骨料、外加剂和水等组分共同制成的料浆中引入气泡,经混合搅拌、浇筑成型、养护而成的具有闭孔结构的轻质多孔混凝土,具有重量小、自密实、便于刀盘切割的特点。在顶管接收工作井内填筑能包络整个顶管机长度的泡沫混凝土区域,待其浇筑达到设计强度后,刀盘可以直接切割贯入直至完全进入工作井,最后通过人工在工作井内部逐步破除包裹在顶管机周围的泡沫混凝土,并同步相应完成洞门止水措施,从而实现无井外地基加固条件下的进洞。

  当顶管接收位于含承压水的砂性土层时,若接收工作井外侧水泥系地基加固施工质量欠佳,很容易发生突涌事故,尤其对于施工场地周边有严格环境保护要求时,将造成严重后果。采用泡沫混凝土或钢套筒等辅助措施,在处于上述地层的顶管接收中已获得成功应用,并取得了良好效果。

9.2.12 本条中所列工作井相关尺寸是基于矩形顶管工程特点和施工需求确定的,为最小尺寸要求,设计时需根据实际情况计算。

9.2.13 F形钢承口对顶管高程、轴线偏差能起到修正作用,且此类接口形式有利于密封防水,因此适用于大断面矩形顶管工程。密封垫是衬砌防水的首要防线,应对其技术性能指标做出规定。必要时,还可在管节接口处注入聚氨酯,将前一环钢套环与后一环管节接口处的空隙填充密实,起到彻底隔绝外侧水土的作用。

9.2.15 矩形顶管顶进的环境影响数值分析在模型建立、边界条件、初始地应力生成等方面的一般要求可以参考本标准第 8.2.13 条的条文说明。矩形顶管施工涉及土体开挖、顶管结构顶入等复杂的开挖-贯入耦合过程,要准确地分析顶管施工对周边环境的影响,必须合理地模拟施工全过程。可以采用单元的"生""死"功能来模拟施工过程中顶管机头前方土体的挖除,通过有限滑移接触面模拟顶管结构顶入及管-土界面滑动接触摩擦过程,并采用考虑泥浆减阻效应的管-土界面抗剪强度参数。在考虑顶管周边土体处于不同应变水平的情况下,进行顶管顶进环境影响数值分析时,宜采用考虑土体全应变范畴路径相关的非线性本构模型。

9.3 施工与检测

9.3.3 上海地区现有主要矩形顶管设备和可实施的地下结构断面如表1所示。

表1 上海地区现有主要矩形顶管设备和可实施的地下结构断面一览表

序号	矩形顶管外包尺寸	顶管结构内净空	矩形顶管机类型
1	3.8 m×3.8 m	3 m×3 m	土压平衡顶管
2	6 m×4 m	5 m×3 m	土压平衡顶管
3	6.9 m×4.2 m	6 m×3.3 m	土压平衡顶管
4	9.5 m×4.88 m	8.44 m×3.78 m	土压平衡顶管
5	9.9 m×8.7 m	8.85 m×7.65 m	土压平衡顶管
6	10.4 m×7.5 m	9 m×6.1 m	土压平衡顶管

对于大断面矩形顶管而言,刀盘切削率的提高对减少顶管机头前方土体扰动、改善环境影响控制具有显著效果。因此,当周边环境保护要求严格时,宜采用刀盘切削率100%的矩形顶管机。

9.3.4 对于分块制作的钢管节,尚未形成整环时,整体刚度相对较弱,管节拼接时应注意采取临时支撑措施减少管节变形,且拼接完成的管节在正式施工安装前,应在地面先行完成前、后两节管节试套,确保后续的管节井内拼装的实施效果。

9.3.5 根据顶管施工工艺特点,施工过程中每完成一环管节顶进,为便于放入下一节管节,需要暂时撤开施压千斤顶。此时,顶管机头因为顶进力消失而产生向工作井内后退的趋势,顶管掌子面会发生一定的地层损失,相应诱发顶管上方地表沉降,沉降量与顶管掌子面面积呈正比,与止退装置的结构刚度呈反比。对于大断面矩形顶管,当需要严格控制顶管回退引起的地表沉降时,应采用具有自补偿功能的止退装置(图53),可有效约束顶管机的回缩。

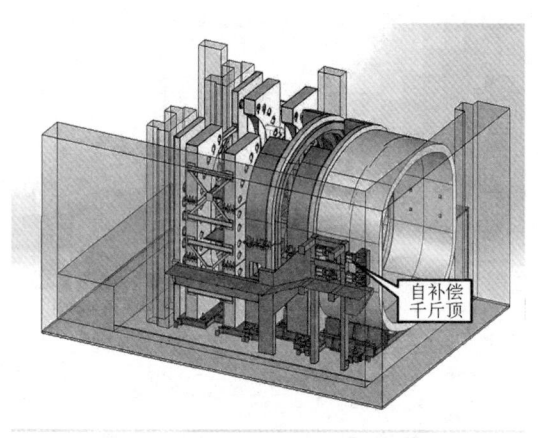

图53 自补偿千斤顶示意图

矩形顶管施工中有效控制管节的旋转,是保证顶管施工精度的重要环节。顶管顶进施工中,姿态控制应随偏随纠,且纠偏量不宜过大,以免土体出现较大扰动及管节间出现张角。顶管机设备应具有刀盘双向转动的功能,当转角较大时可采取刀盘与转角的同向转动,即通过刀盘切削土体时产生的扭矩力来调整顶管机转角。

矩形顶管始发时应将顶管机与后面3节~5节管节刚性连接,以防止因顶管机自重往下偏移。连接管节的数量应根据地层情况确定:当地层稳定时,取小值;当处于软弱地层且富含地下水时,宜取大值。顶管始发时应均匀增加油缸推力,以减小对洞口土体的扰动。

自凝式泥浆是近年来在软土地区得到较多应用的一种顶管

减摩泥浆,拥有良好的减摩性、承载性和抗水能力;在顶管推进过程中,除能起到减摩作用外,还可有效填充壳体间隙,减少管节渗漏。适用于环境保护要求高、减阻需求大的顶管工程。

9.3.6 为了保证顶管施工的安全,增加冗余度,矩形顶管接头主要使用钢承口管,即F形接头型式。混凝土管节及钢管节的典型接头构造如图54、图55所示。

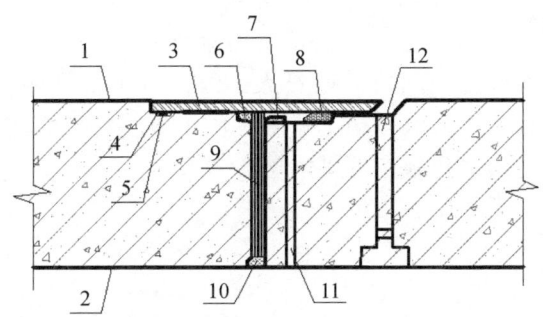

1—混凝土管节外表面;2—混凝土管节内表面;3—钢承口;4—钢筋挡圈;
5—遇水膨胀止水胶(条);6—弹性密封填料;7—插口钢环;8—密封橡胶圈;
9—管节嵌缝垫板;10—弹性密封填料;11—缝间止水注浆孔;12—减摩注浆孔

图54 混凝土管节F形接头典型构造图

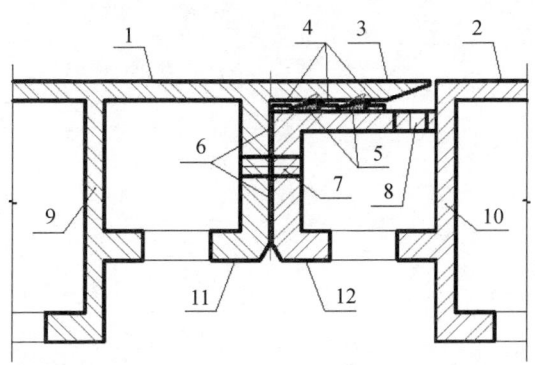

1—前端钢管节外表面;2—后端钢管节外表面;3—钢承口;4—插口钢环;5—弹性密封垫;
6—遇水膨胀止水胶(条);7—螺栓孔;8—减摩注浆孔;9—前端钢管节肋板;
10—后端钢管节肋板;11—前端钢管节内表面;12—后端钢管节内表面

图55 钢管节F形接头典型构造图

9.3.7 钢管节内部后浇的混凝土内衬,不仅厚度薄,而且还受到钢管节内侧肋板的分隔影响,因此结构成型后再进行植筋、局部凿除等施工行为,容易引起超出预期的结构破损或者剥落,对工程安全和耐久性造成不利影响。以上海市轨道交通14号线静安寺站站台层钢顶管为例,该范围内所有设备及管线的吊点全部通过预埋固定,并充分考虑运营阶段的需求,预留了一定数量的预埋钢板供远期车站设备或管线调整时使用。

9.3.8 轨道交通工程的矩形顶管段地面一般为市政道路,当地面交通繁忙,施工期间难以通过人工开展环境监测时,可以对地表沉降、管线变形采取自动化监测手段,以便及时、客观反映环境影响数据,为信息化施工提供依据。

10 束合式结构

10.1 一般规定

10.1.1 束合式结构是近年来在软土地区新兴的一种地下工程暗挖施工工艺。该工艺结合了预应力技术和小型矩形顶管技术,施工中通过先沿地下结构纵向顶进带锁扣的矩形钢管,然后在矩形钢管管内及管间浇筑混凝土,并横向张拉预应力钢束,最终装配形成整体承载结构。利用其小型矩形顶管顶进的优势,该非开挖技术可适用于超浅覆土的地下车站结构施工,而横向张拉预应力可实现自由断面、无内支撑的土方开挖。因此,束合式结构具有超浅覆土、自由断面、无需支撑、永临结合等优点,是一种软土地区地下工程建造的综合性预制装配技术。

目前,束合式结构已在上海市轨道交通 14 号线武定路站 1 号出入口结构中得到成功应用,并在上海市轨道交通 20 号线平利路站车站主体结构中推广应用。

14 号线武定路站 1 号出入口束合式结构段,断面呈矩形,外包断面尺寸为 8.4 m×6.2 m,管节总数为 20 节。其中,四个角部各 1 节可用作预应力张拉施工作业的工作管节,断面尺寸 1.4 m×1.4 m,其余 16 节均为规格一致的标准管节,断面尺寸 1.0 m×1.0 m,如图 56、图 57 所示。

10.1.2 束合式结构矩形钢管的施工顶进误差将影响钢管间锁扣连接的闭合及止水效果,顶进长度越长,施工误差越大,故对束合式结构的纵向长度做出限制。当设备能力足够时,经充分论证后可适当增加。

10.1.3 考虑主体结构空间、地层条件、埋置深度、结构变形等影

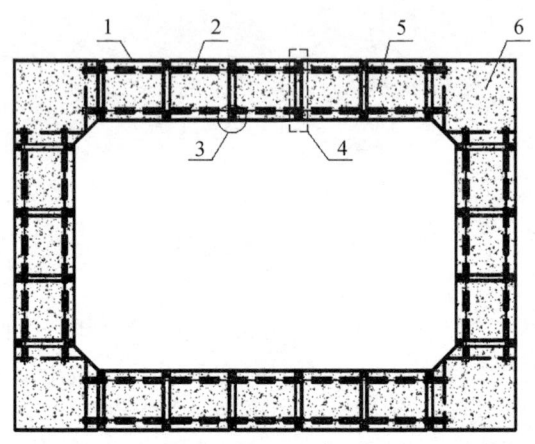

1—矩形钢管；2—预应力束；3—连接锁扣；4—结合缝；5—标准管；6—工作管
图 56 上海市轨道交通 14 号线武定路站 1 号出入口束合式结构段横断面图

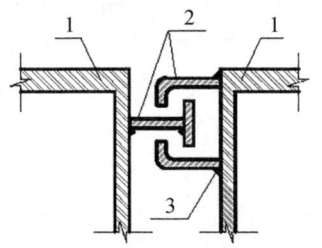

1—矩形钢管；2—锁扣钢板；3—焊缝
图 57 连接锁扣节点详图

响因素，结构预留变形量应通过计算分析或工程类比法进行预测，一般不宜小于 50 mm。

10.2 设 计

10.2.2 束合式结构可实现自由断面的地下空间建设，因此能充分满足车站的建筑功能需求，可实现与明挖法车站等同的建筑布置与设备运行要求。束合式结构车站的平面布置应满足乘客乘行安全、集散迅速的功能需求,如非付费区连通等。建筑功能分区应明确,当采用拱形断面时,可在两侧拱脚的低净空内设置公共区送风管、强弱电桥架、消防水管等。设备区管线与公共区管线的串联可利用工作井的结构净高进行转换,减少站厅公共区顶板管线,增加公共区吊顶后净高。束合式结构可实现自由断面轨道交通车站的建设,可满足多种站台形式的需要,如岛式、侧式等。

10.2.3 由于矩形钢管之间锁扣连接的构造要求,束合式结构一般只适用于总体呈直线形布置的地下结构。此外,考虑现有的施工技术水平,要将矩形钢管顶进施工误差、顶进阻力控制在合理范围内,结构纵坡不宜大于1%。

规定管顶覆土厚度要求主要是减少地面沉降和防止顶管机向上抬头。

10.2.4 矩形钢管间结合缝的模拟与计算是束合式结构的设计计算核心,束合式结构计算简图应根据地层情况、矩形钢管连接特点和施工工艺等确定。

上海市轨道交通14号线武定路站1号出入口作为国内首个束合式结构,上海市城市建设设计研究总院(集团)有限公司与同济大学共同研究并提出了一种束合式结构矩形钢管间结合缝的纤维铰模型(MSJ模型),可有效模拟结合缝处矩形钢管与混凝土之间的拉、压及滑动耦合作用。经现场实测数据验证,MSJ模型能较好地模拟束合式结构的实际受力与变形情况。

当计入预应力作用时,采用弹性匀质模型计算得到的内力结果与MSJ模型结果基本一致,误差控制在10%以内,且该计算方法在可操作性上优势明显。

10.2.6 预应力束的张拉设计工况应与计算模型一致。同一横断面张拉时,应对称张拉,可先同步张拉本断面内的所有竖向短边,再张拉水平长边;不同横断面张拉时,按对称交错的原则,从中间往两边张拉。张拉宜分级张拉,初张拉不宜大于15%,后张拉不宜小于105%。

10.2.7 工作井的深度和平面尺寸应大于地下工程结构外轮廓，并应满足钢管的吊装、顶进作业、主体结构施工空间等要求。

10.2.8 束合式结构防水应以混凝土结构自防水为主，防水混凝土应满足抗渗等级要求。钢管的外防腐蚀涂料应具有耐化学腐蚀性、抗微生物侵蚀性、耐水性、耐磨性且应无毒或低毒。锁扣顶进同步应进行油脂填充，止水剂应充满锁扣处间隙。

10.3 施工与检测

10.3.2 矩形钢管顶管机可分为土压平衡式、泥水平衡式及顶管机气压平衡式，其选型应根据工程地质条件确定，多选用土压平衡式或泥水平衡式顶管机。

土压平衡式顶管机通过调节出泥仓压力稳定开挖面，弃土从出泥仓排出，用于黏性土、粉土、淤泥质黏土，对地下障碍处理应急性能一般；泥水平衡式顶管机通过调节出泥仓的泥水压力稳定开挖面，弃土以泥水的方式排出，用于黏性土、粉土和砂性土及地下水以下的土层，对地下障碍物处理应急性能一般；气压平衡式顶管机通过调节出泥仓的气压力稳定开挖面，弃土以泥水的方式排出，适应地质为黏性土、粉土、粉细砂等渗透系数小于或等于 10^{-4} cm/s 的土层，不适用于砂砾、卵石等多孔隙地层，压缩空气容易冒顶冲出，对地下障碍物处理应急性能良好。

10.3.3 矩形钢管顶进前，将止水箱的外法兰盘与洞圈法兰盘通过螺栓紧密连接，形成有效的止水装置。止水箱由箱体结构和复合钢丝刷组成，使用过程中向箱体内部充填管尾油脂，达到良好密封性能。

根据相关试验结果，束合式结构矩形钢管间的结合缝脱开会引起整个结构体系各项受力性能的显著降低，因此以"控制结合缝不脱开"作为施工工艺要求。另外，束合式结构矩形钢管间通过上、下两道连接锁扣进行连接，钢管顶进轴线偏差、旋转角度都均须限制在连接锁扣尺寸范围内。基于以上原因,对矩形钢管制作、顶进及连接锁扣制作提出了较高的施工精度要求。

10.3.4 束合式结构矩形钢管分中间管和工具管,工具管位于束合式结构的四角,工具管用于钢绞线穿束和预应力张拉操作空间。因此,需要在穿束完成、中间管混凝土浇筑密实及预应力张拉完成后,再将四角工具管混凝土浇筑完成。

束合式结构矩形钢管内宜选用自流淌或者细石泵托管法进行自密实混凝土浇筑,并设置浇筑管、排气孔和检测孔等辅助装置。

10.3.5 按照张拉双控合格标准:

1 张拉力读表稳定到105%。

2 张拉伸长量误差6%以内。

普通预应力混凝土结构张拉回缩带来的预应力损失相对可控,而对于束合式结构,张拉工作长度相对较短,因此预应力损失不可忽视,需要采用低回缩锚具系统,将张拉回缩量控制在设计要求范围内。

张拉宜采用分级张拉,首次张拉不宜大于15%,二次张拉不宜小于105%,载荷维持2 min以上。

张拉宜采用轻量化配套的智能张拉系统,确保束合式结构在张拉过程中受力和变形的同步。

10.3.6 开挖断面禁止掏挖和超挖是为保证工作面的稳定,若一步挖土进深过大或非对称、非均衡开挖,可能导致通道内局部土体失稳、滑动,造成工程事故。土方开挖应加强对永久结构的保护,如在机械作业易磕碰处悬挂警示标、安装防护挡板等。

当开挖断面的总高度较大时,通过台阶法开挖,可以避免束合结构所围合的土体向开挖面滑落,保障开挖施工安全。

10.3.7 束合式结构施工过程中应确保邻近建(构)筑物、地下管线的安全,且因其施工工序较多、工艺复杂,施工前对周围有可能受影响的保护对象应布设监测点,施工中应重视监控量测,进行信息化施工。

11 信息化

11.0.2 建筑信息模型应根据相关专业和任务的目标与要求创建，其模型细度应满足设计、施工和运维各阶段的应用需求。

11.0.3 预制构件建筑信息模型的建立，主要目的是实现设计、生产、施工、运维的协同工作和信息共享，减少"错、漏、碰、缺"等错误的发生，提高预制构件质量，实现设计、生产、施工、运维一体化。各阶段应制定统一的规则要求，实现数据的有效共享，在统一的平台下进行相互协同工作。

11.0.4 预制构件建筑信息模型涉及建筑、结构、暖通、机电、给排水等各专业，以及设计、生产、施工、运维全流程。因此，模型宜采用开放的交换格式进行数据交换，满足不同阶段及不同专业应用的需求。

11.0.6 项目整体模型中的构件与预制构件信息模型及构件标识应一一对应。保证项目、模型、构件信息的一致性，是实现相关方协同工作的基础。预制构件信息模型单元中包含的埋件、吊件、孔洞等基本元素，为保证各预埋件在生产过程中的正确定位，应保证同一预埋件定位信息的唯一性。

11.0.7 本条对模型建立后需要交付给构件生产商的数据信息做出相关要求。图纸应包含预制构件的空间位置信息、构件包含的混凝土用量、钢筋详细信息和预埋件等信息。

11.0.8 预制构件检验合格后，应立即在其表面显著位置按构件制作图编号对构件进行喷涂标识。标识应包括构件标记、构件编号、生产日期、类型等要求。

每一个编码对象应仅有一个代码，一个代码只唯一表示一个编码对象，满足从设计、生产、安装、运营维护全过程信息的查询、定位、维护和追溯。

11.0.9 在构件的内表面、侧面或断面喷涂标识、芯片或条码,构件标识应清晰、整齐、美观,不得涂改。若需预埋感知元件,其预埋位置和精度需满足检测设计技术方案的要求,并在生产制作、吊装、运输过程中对感知元件进行可靠的保护和标识。